Por que virei à direita

João Pereira Coutinho
Luiz Felipe Pondé
Denis Rosenfield

Por que virei à direita

PREFÁCIO Marcelo Consentino

TRÊS ESTRELAS

EDITOR Alcino Leite Neto

EDITORA-ASSISTENTE Rita Palmeira

COORDENAÇÃO DE PRODUÇÃO GRÁFICA Mariana Metidieri

PRODUÇÃO GRÁFICA Iris Polachini

CAPA Alessandra Maria Soares, Cláudio Santos e Isabela Vecci

FOTO DA CAPA Cláudio Santos/Voltz

PROJETO GRÁFICO DO MIOLO Mayumi Okuyama

PREPARAÇÃO Marcia Menin

REVISÃO Paulo Nascimento Verano

Dados Internacionais de Catalogação na Publicação (CIP)
(Câmara Brasileira do Livro, SP, Brasil)

Coutinho, João Pereira
Por que virei à direita / João Pereira Coutinho, Luiz Felipe Pondé, Denis Rosenfield ; prefácio Marcelo Consentino. – São Paulo : Três Estrelas, 2012.

ISBN 978-85-65339-05-6

1. Ensaios políticos I. Pondé, Luiz Felipe. II. Rosenfield, Denis. III. Consentino, Marcelo. IV. Título.

12-04585 CDD-320

Índice para catálogo sistemático:
1. Ensaios políticos 320

Este livro segue as regras do Acordo Ortográfico da Língua Portuguesa (1990), em vigor desde 1º de janeiro de 2009.

TRÊS ESTRELAS

Al. Barão de Limeira, 401, 6º andar
CEP 01202-900, São Paulo, SP
Tel.: (11) 3224-2186/2187/2197

Sumário

Prefácio

Quase irmãos

Marcelo Consentino

"Ai, duas almas no meu seio moram!"

GOETHE, *FAUSTO*

"O mediador entre a cabeça e as mãos deve ser o coração."

FRITZ LANG, *METRÓPOLIS*

É fácil tipificar o homem de direita como o moralista hipócrita e pedante, ou então como o burguês satisfeito de si e indiferente a todo o resto, e opô-lo à sua contraparte esquerdista, o poeta militante que avança entre barricadas urbanas combatendo todas as forças de opressão com um mosquete ou uma flor nas mãos. Seria igualmente fácil inverter os sinais e seguir os passos deste último até o fim, até o alto de um palanque jacobino, de onde comanda o despencar das guilhotinas para o espetáculo da plebe, ou até o interior de um gabinete bolchevique, de onde planeja usinas, *gulags* e o destino de multidões em uma planilha, e contrapô-lo ao homem de mentalidade conservadora, forjado pelo ideal da honra e do dever, temperado numa vida de renúncias, ora dando as costas a sonhos utópicos na rotina anônima e maçante da administração dos bens públicos e privados, ora usando mão forte em defesa da sociedade civil contra o banho de sangue em que guerrilhas e rebeliões armadas ameaçam mergulhá-la sempre que esses mesmos sonhos se pervertem em alucinações maníacas.

Imagens como essas, no entanto, mais movem ou comovem do que esclarecem, e pouco valem a quem abre estas páginas a fim de iluminar os próprios passos numa ou noutra direção, guiado, como deve ser, pela condição primeira de toda boa crítica, a saber, discernir o princípio essencial de tal ou qual fenômeno intelectual ou social e, se possível, por seu lado bom.

"Direita e esquerda", "conservadorismo e progressismo", com respectivas variações moderadas e radicais, formam sem dúvida os dois pares de conceitos fundamentais aqui. Conceitos morais e políticos, claro. E conceitos opostos. Contudo, tomadas em sua raiz pré-política, fisiológica, psicológica e semântica, tais dicotomias não só *não* implicam obrigatoriamente um antagonismo, como, muito ao contrário, indicam uma complementaridade necessária ao nosso senso de movimentação e equilíbrio: a primeira *espacial*, a segunda *temporal*.

"Conservadorismo" e "progressismo" emergem patentemente dos impulsos biológicos primários de preservação e de procriação, de adaptação ao meio e de transformação do meio. Se o primeiro carrega em si toda conotação de enraizamento, aprofundamento, continuidade e, no limite extremo, endurecimento, isolamento e estagnação, o segundo sugere movimentação, expansão, aceleração e, no limite, ruptura, errância, dissipação – e mais toda uma série de significados que valeria a pena catalogar se Machado de Assis já não tivesse fixado indelevelmente essa polarização na consciência nacional (lançando a ponte para a Antiga e a Nova Aliança) ao personificá-la nos gêmeos Pedro e Paulo (filhos de Natividade, amantes de Flora), em *Esaú e Jacó*. Um é o espírito da conservação, o outro, o da inquietude; "um já se contenta do que está, outro acha que é pouco e pouquíssimo, e quisera ir ao ponto a que não foram os homens. Em suma, não lhes importam formas de governo, contanto que a sociedade fique firme ou se atire para diante".[1]

Já "esquerda" e "direita" – junto com "à frente" e "atrás" – formam nosso eixo de orientação horizontal. Outras polaridades podem muito bem simbolizar nossas relações com, por exemplo, o divino, o transcendente, o sobre-humano ou sobrenatural (como "alto") e com o terreno, o infra-humano, o natural, animal ou material ("baixo"), ou ainda com o universo subjetivo-psíquico ("dentro") e com o objetivo-físico ("fora"). "Esquerda" e "direita", porém, formam nosso campo de visão e movimentação propriamente horizontal, o campo de encontro do homem com os homens – campo, portanto, essencialmente *político* –, do olho no olho, do ombro a ombro e mesmo, *hélas!*, do dente por dente.

1 Machado de Assis. "Troca de opiniões". In: *Esaú e Jacó* (1904).

Dita assim, a terminologia parece puramente neutra. Mas seria ingênuo ignorar sua carga arquetípica. A experiência mais ancestral e espontânea que temos de "esquerda" e "direita" é sem dúvida a de nossas mãos. E, se é verdade que tiramos o melhor delas quando as empregamos numa obra comum, modelando o barro ou dedilhando um piano, por exemplo, não é menos verdade que Deus ou a natureza as quiseram desiguais e desigualmente distribuídas. É inegável.

À "direita" sempre se inclinará nossa reverência a tudo aquilo que é "hábil" (*destro*, em italiano), firme, preciso, rigoroso; à atitude "direta" (*droite*, em francês) e "reta" (*right*, em inglês); à posição ortodoxa, sedimentada, consolidada, da ordem e do "Direito" estabelecidos. Do outro lado, a esquerda (*la sinistra*) é a mão débil, minoritária, canhota e canhestra; o lado do "*gauche* na vida", para onde pendem nossos sentimentos mais cortantes pelos excluídos, pelos "humilhados e ofendidos": o proletário, o preso, o pobre, o pária, o preto, a puta.

Não obstante, quis Deus ou a natureza (ou ambos) que do lado esquerdo batesse o coração. E daí, talvez (é só uma hipótese), o eterno e insufocável grito, dos grandes homens de esquerda por uma solidariedade ilimitada por todos os membros do corpo social. Mas daí também, talvez (outra hipótese), a obsessão da esquerda por capilarizar esse corpo inteiro e se infiltrar em suas mais minúsculas fibras; por exercer sua pressão e influência sobre todos os membros, em todo lugar e a todo momento, numa politização totalizante da vida humana.

"O grande homem de direita", diz Gustave Thibon, "é profundo e *estreito*, o grande homem de esquerda é profundo e *desordenado*. Eles possuem, um e outro, toda envergadura humana: eles carregam em suas entranhas o mal e o bem, o real e o ideal, a Terra e o Céu. Aquilo que os distingue é isto: o homem de direita, rasgado entre uma visão clara da miséria e da desordem humanas e o apelo de uma pureza impossível de se confundir com seja lá o que for inferior a ela, tende a *separar* com força o real e o ideal; o homem de esquerda, cujo coração é mais quente e o espírito menos lúcido, inclina-se antes a *misturá-los*".[2]

Seria ocioso esboçar aqui o que Coutinho, Pondé e Rosenfield fizeram mais e melhor, isto é, uma anatomia do espírito conservador. Será melhor que eles mesmos conduzam o leitor à direita. Mas talvez, a título de preâmbulo e em prol da boa dialética, possamos nos colocar a pergunta: afinal, por que não à esquerda?

Quimeras à parte, os ideais mais nobres e universais do imaginário de esquerda são bastante evidentes: a crítica ao individualismo aliada à valorização do bem comum; o desejo

2 Thibon, Gustavc. "Esprit de gauche et esprit de droite". In: *Diagnostics*. Paris: Librairie de Médicis, 1942.

de inclusão social e erradicação imediata de toda miséria; a luta pela igualdade de direitos e condições; a defesa e a solidariedade às minorias e aos desfavorecidos. É igualmente inegável que, na prática, uma grande quantidade dos movimentos de esquerda foi e é responsável pela ascensão dos baixos estratos sociais que até então permaneciam mais passivos do que ativos na vida pública.

De resto, creio – e o leitor comprovará – que nenhum dos três autores deste livro vê a coisa como, por exemplo, Sartre a via: como uma questão de "bem e mal" e ponto. Com efeito, Coutinho afirma que "um esquerdista moderado é preferível a um direitista reacionário" e já no título deixa claro que sua adesão é a *uma* direita. Assim, ao que parece, para esses três direitistas (ou conservadores, como queiram), há algo como uma esquerda *perversa* e uma direita *podre* – ou vice-versa. Há do lado de lá uma fronteira entre uma esquerda admitida como *adversária* inevitável (e mesmo bem-vinda) no jogo democrático e uma esquerda frontalmente *inimiga*, não só da(s) direita(s), mas de todo o gênero humano. Há, enfim, um ponto em que é preciso dizer "Não!".

Ponto difícil de encontrar. Mas Pondé e Coutinho sugerem uma chave importante na dicotomia de Michael Oakeshott entre a "política da fé" e a "política do ceticismo".

"A 'política da fé'", explica Coutinho, "entende que a atividade do governo visa à busca da perfeição da humanidade – uma perfeição terrena, que dependerá exclusivamente do esforço e da razão humanos. As teologias tradicionais podem prometer um estado perfeito *depois* da nossa passagem por este Vale de Lágrimas. Mas os partidários da 'política da fé' colocam esse estado no horizonte temporal do homem e estão dispostos a marchar até ele." A "política do ceticismo", por sua vez, "entende o governo não como uma entidade benigna, ou perfectibilista, mas *necessária*. Governar não é um exercício paternalista [...]. Governar é manter uma 'ordem superficial'". Superficial porque contingente, provisória, precária, temporal, ou seja, literalmente, *secular*.

Em poucas palavras, para uma direita equilibrada, as religiões podem bem pretender conduzir os homens a um paraíso além deste mundo (e porventura mesmo nele), desde que o façam com os meios espirituais, isto é, pela força da fé e do convencimento; mas ao Estado caberia simplesmente impedir, por meio da coerção física se necessário, que este mesmo mundo se transforme em um inferno.

A crítica radical aos movimentos revolucionários de esquerda é que, em sua revolta contra Deus e o mundo – literalmente –, quiseram fazer as vezes de Deus e transformar o mundo num paraíso, acabando por precipitá-lo num inferno. É a acusação fundamental de Raymond Aron às "religiões seculares", nome com que batiza as grandes ideologias totalitárias modernas. "A relação entre fanatismo da razão – com suas engenharias sociais, políticas e morais – e fanatismo religioso foi para mim uma intuição central", diz Pondé.

A lista à esquerda é bem longa: jacobinos, saint-simonistas, fourieristas, anarquistas, niilistas e mais um longo etcetera até maoístas, castristas ou mesmo, vá, chavistas. Mas Lênin basta.

Lênin foi, sem dúvida nenhuma, o protótipo de todos os revolucionários do século XX. Para ele, o bem é aquilo que serve à revolução; o mal, aquilo que a nega. É verdade que seu radicalismo nasce de uma indignação moral contra a humilhação e a exploração sociais. Mas, ao erigir em dogma a ideia revolucionária, acaba por perder o contato direto com os indivíduos, por admitir, em uma inversão sinistra, a fraude, a mentira, a brutalidade como instrumentos estratégicos. Avesso a toda sentimentalidade democratista, Lênin foi explícito: a primeira fase do comunismo não traria a igualdade e a liberdade; a revolução deveria triunfar pela desigualdade e coerção.

A conquista de um poder forte, centralizado, era fundamental. Contrariamente ao lugar-comum do marxismo, afirmou a supremacia total do político sobre o econômico. Durante anos, perseguiu com uma obstinação extraordinária a criação de um partido coeso, uma minoria moldada numa disciplina de aço, que concentrasse, à imagem e semelhança de seu comandante, todas as grandes correntes revolucionárias de seu tempo: a fome de justiça social, o ódio à burguesia e ao capitalismo, a intolerância sectária, a atitude de desprezo e hostilidade pelas elites cultivadas, a recusa à transcendência, à metafísica e aos valores espirituais, enfim, a crença intransigente no materialismo.

Seu marxismo reduzido a catecismo deveria servir como uma doutrina homogênea e global, uma nova religião para as massas populares: um sistema dogmático, simbólico e ritual que envolvia não só a política e a economia, mas a cultura, a totalidade da vida. A criação da nova ordem deveria ser antes de tudo um ato de fé.

Numa catarse apocalíptica, a ditadura do proletariado deveria instaurar uma burocracia colossal, onipotente, capaz de penetrar e transfigurar todo o país. O novo homem deveria ser, segundo a sua expressão, "fabricado nas fábricas". Racionalista convicto, Lênin acreditava na racionalização definitiva da vida social. É, enfim, a própria personificação da "política da fé".

Não que esse "impulso perfectibilista" (Coutinho) ou essa "neurose de perfeição" (Pondé) não tenham também desencadeado as facções da chamada extrema direita. Mas, enquanto o nazismo, o fascismo e os diversos tribalismos ou integralismos religiosos foram corretamente catalogados pela cultura mundial como reações delirantes e anômalas, grotescas o suficiente para surgirem abruptamente em um instante histórico e serem abruptamente devoradas em outro, constata-se que a patologia utópica é crônica e endêmica na mentalidade esquerdista. Só um exemplo: para quem não sabe ou esqueceu, neste exato momento o despotismo comunista norte-coreano mantém encerrados em campos de concentração, sob regime de trabalhos forçados, torturas e execuções sumárias, cerca de 200 mil "inimigos do povo", incluindo dezenas de milhares de crianças, muitas delas nascidas nesses campos.

A esse respeito, Rosenfield sugere aquela que é a um só tempo a pergunta de ouro para toda análise política do século XX e a prova de fogo para toda consciência sincera: por que "há uma firme recusa ao fascismo e ao nazismo, mas perduram a complacência e a leniência de certos intelectuais e formadores de opinião a respeito do comunismo"?

É verdade, contudo, que no Ocidente contemporâneo a retórica messianista da "ditadura do proletariado" perdeu seu apelo visionário. Parece-se demais à "supremacia da raça", e o pacto Molotov-Ribbentrop de aliança entre nacional-socialistas alemães e socialistas soviéticos é suficientemente documentado para que qualquer revisionismo histórico possa acusá-lo de mera fraude burguesa. Verdade também que a esquerda ocidental teve sua própria versão da "política do ceticismo" nas críticas sombrias e mesmo conservadoras da Escola de Frankfurt ao racionalismo iluminista e à sociedade industrial. De resto, as décadas de 1960 e 1970 testemunharam o surgimento de uma nova esquerda, uma esquerda pós-moderna, que em muitos sentidos parece alinhada à crítica antiutópica de Aron e Oakeshott.

Em grande parte do Ocidente, a ameaça vermelha durante a Guerra Fria forçou uma onda reacionária anticomunista, a qual, por sua vez, excitou a truculência de facções terroristas de esquerda (como o ETA, na Espanha; o IRA, na Irlanda; as Brigadas Vermelhas, na Itália; a Ação Libertadora Nacional, no Brasil).

Nos Estados Unidos, na Inglaterra e na França, no entanto, as massas operárias haviam sido gradualmente (e alegremente) absorvidas pelo Estado do Bem-Estar Social, o que contribuiu para arrefecer os instintos militaristas e extremistas de movimentos sindicais e vanguardas socialistas.

Para os estudantes da Califórnia ou da Paris dos anos 1960, a emancipação econômica já era uma bandeira bem menos inspiradora e incendiária, e alguns voltaram seus desejos revolucionários para a emancipação dos excluídos pelo sistema (movimentos radicais negros, feministas, anticolonialistas), enquanto outros, curiosamente menos inspirados em Marx do que no burguês Freud, buscaram a emancipação dos instintos e da sexualidade reprimida – a revolução dos costumes – em uma efusão hiperbólica da espontaneidade e da individualidade. (Vem daqui, diga-se de passagem, a bizarríssima figura de um Nietzsche de esquerda.)

Foucault é o grande nome, o mandarim, ainda hoje, de uma intelectualidade esquerdista que, sem abrir mão de uma militância furiosa, rejeita qualquer vínculo com o imperialismo soviético. Suas ideias são manifestamente menos delirantes que a verborreia de Deleuze ou Derrida, ou que as utopias hedonistas de Marcuse. Suas análises históricas obsessivamente documentadas ("les archives") e sua cátedra no Collège de France lhe garantem um prestígio acadêmico superabundante. E o questionamento das instituições e seus dispositivos de legitimação e controle social (como presídios e manicômios), somado à sua atividade militante (contra a dominação de gênero, por exemplo) fazem dele uma referência ritual em certos discursos críticos contemporâneos e em movimentos reivindicacionistas. Pluralista, ilustrado, antidogmático, Foucault parece ser o exemplar do livre-pensador esquerdista pronto e acabado para os desafios da nova democracia contemporânea.

Ainda assim, lendo um ou outro trecho de Foucault, fica-se não raro com a sensação de que se tem nas mãos uma versão do *Catecismo revolucionário* dos anarquistas russos do século XIX transliterado para a classe dos bem-pensantes.

> Todos os meus livros [...] são, se quiserem, caixinhas de ferramentas. Se as pessoas quiserem abri-los, servir-se de tal ou qual frase, tal ideia, tal análise como de um alicate ou uma chave de fenda para curto-circuitar, desqualificar, quebrar os sistemas de poder, compreendidos eventualmente aqueles mesmos de onde saíram meus livros... bem, tanto melhor!

Verdade e mentira importam pouco. Anunciar a primeira, denunciar a segunda, não é esse o objetivo do discurso. Importa, sim, o seu potencial subversivo.

> Escrever não me interessa senão na medida em que isso se incorpora à realidade de um combate, a título de instrumento, de tática, de reconhecimento de campo. Gostaria que meus livros fossem como bisturis, coquetéis molotov ou galerias de minas, e que se carbonizassem após o uso à maneira dos fogos de artifício.[3]

A revolução de Foucault é decerto oposta ao titanismo centralizador de Lênin, mas ainda assim é uma revolução. Revolução difusa, confusa, móvel, plural, ela é, melhor dizendo, uma multidão de microrrevoluções contra uma legião de micropoderes. E como interpretar os escritos entusiastas desse príncipe do relativismo laicista à revolução iraniana de 1979, que instauraria o regime fundamentalista do aiatolá Khomeini, senão como imensos coquetéis molotov culturais lançados contra a civilização ocidental? É, em tudo e por tudo, como diz o título do livro de José Guilherme Merquior, pouquíssimo conhecido no Brasil, o "niilismo de cátedra".

E, por falar em Brasil, vale a pena concluir com uma ou duas palavras sobre o estado da arte no país.

Em primeiro lugar, convém lembrar que a concentração do poder nas mãos dos militares durante cerca de vinte anos

3 Foucault, Michel. "Des supplices aux cellules" e "Sur la sellette". In: *Dits et Écrits*. Paris: Gallimard, 1975, ns. 151 e 152.

criou uma situação anômala, em que a esquerda, expelida por completo do poder político, se viu relativamente livre para se difundir por toda parte no universo cultural. Digo "relativamente" porque, apesar das censuras, prisões e exílios do período mais duro, a ditadura no Brasil nunca teve a pretensão de impor uma nova cosmovisão. Condenável o quanto seja, o regime militar pode ter instaurado um Estado de repressão policial, mas não teve um projeto de doutrinação e hegemonia ideológica característico dos Estados totalitários.

Situações como esta, de separação total entre os agentes do poder político e os agentes da cultura, desencadearam alguns dos movimentos esquerdistas mais decisivos da história mundial. Basta pensar na dicotomia setecentista entre a Versalhes aristocrática, de um lado, e a Paris liberal burguesa, com seus *salons* repletos de *philosophes* protorrevolucionários, de outro, ou na *intelligentsia* russa, flutuando e conspirando, ao longo de todo o século XIX, entre a cúpula autocrática czarista no alto e uma massa agrária e ignorante embaixo.

Pois bem, durante os anos 1960 e 1970, enquanto o bloco militar baixava seus decretos em Brasília, a revolução cultural gramsciana se alastrava a todo vapor nos grandes centros urbanos. Como aponta Pondé, os espólios das esquerdas foram cadeiras majoritárias em universidades, escolas, redações de jornais, grande mídia, além de boa parte dos tribunais e dois dos partidos políticos mais influentes no cenário nacional hoje: o PSDB e o PT.

Sobre este último, aliás, Rosenfield, baseado em suas experiências pessoais com a administração petista no Rio Grande do Sul, faz acusações particularmente graves de patrulha ideológica, manipulação da opinião pública, coligação com organizações terroristas como as Forças Armadas Revolucionárias da Colômbia (Farc), e outros métodos de "subversão da democracia por meios democráticos" – fora o fato de que o partido que subiu ao poder batendo no peito e gritando slogans de moralização pública, caso venham a ser comprovadas pelo Judiciário as acusações de suborno de parlamentares no chamado mensalão, terá sido protagonista do mais vasto esquema de corrupção de toda a história nacional.

É verdade que o pragmatismo econômico da gestão petista foi responsável por elevar da margem de pobreza dezenas de milhões de brasileiros e que o país continua atraindo cada vez mais investidores internacionais. Mas esse tipo de política econômica liberal foi adotado até pelo Partido Comunista, que digo?, pelo partido único chinês. Sinal dos tempos. E é fato notório e computável que, enquanto o Brasil enriquece, o PT continua ano após ano (e já vamos para pelo menos doze!) aparelhando e inchando todo o funcionalismo público com seus quadros correligionários, ameaçando transformar o que deveria ser só um *governo* petista em um *Estado* petista. Nesse sentido, parece a velha estratégia de ocupação do Partido Comunista Brasileiro, vulgo Partidão, adaptada aos novos tempos.

Enfim, posicionar-se à direita no Brasil de hoje é, tecnicamente, um ato de subversão e contracultura.

É nessa situação que o leitor há de decidir entre virar à direita ou à esquerda. E a menos que opte pelo muro – muro no qual uns sobem, com o qual outros dividem e ao qual muitos louvam como "centro" –, tanto maior é a sua responsabilidade se, como eu, não for filiado a nenhum partido, tendo de decidir caso a caso, palmo a palmo, segundo as circunstâncias, como manobrar seu voto e sua opinião crítica na proteção ao bem público.

Antes, porém, de virar para um lado ou para outro, recomendo, é claro, que vire a página.

Marcelo Consentino é ensaísta e editor da revista Dicta & Contradita

Dez notas para a definição de uma direita

João Pereira Coutinho

1.

Virar à direita acontece nas melhores famílias. Aconteceu na minha. Eu tentei. Juro que tentei. Ser de esquerda tem as suas vantagens. Consola a alma e consola os outros. Os homens nasceram livres e, no entanto, encontram-se aprisionados em toda parte? Difícil resistir ao começo mais subversivo da filosofia política moderna.

O pior vem depois: como acreditar que homens intrinsecamente bons são capazes de engendrar arranjos políticos intrinsecamente maus para aprisionar homens intrinsecamente bons? A pergunta tem sido repetida por fornadas sucessivas de liberais clássicos ou conservadores de cepa variável. E não é preciso chafurdar no charco do pessimismo antropológico para vislumbrar no filme de Rousseau uma contradição insanável.

Pena que o próprio Jean-Jacques nunca a tenha resolvido. Também não precisou. Bastou denunciar o crime – o crime da "civilização" sobre o "bom selvagem" – e os discípulos fizeram o resto.

Li Rousseau na idade certa. E, na idade certa, senti a tentação: a tentação da vaidade, como lhe chamou Edmund Burke, o fundador do conservadorismo moderno. Na sua *Letter to a Member of the National Assembly* (1791),[4] um texto complementar das famosas *Reflections on the Revolution in France* (1790),[5] Burke fazia uma acusação que só gente pedestre considera pedestre: Rousseau, o amante da humanidade, fora incapaz de amar o seu "pequeno pelotão". Abandonar os filhos na roda não é cartão de visita para o patriarca do sentimentalismo.

O problema é que nunca é. O sentimentalismo é uma falsificação do sentimento que, exibido em público, normalmente denuncia um canalha. Falo por experiências próprias – ou, melhor dizendo, impróprias. Virei à direita por ver no amor à humanidade uma forma particular de inumanidade.

4 Burke, Edmund. *Letter to a Member of the National Assembly*. Oxford: Woodstock Books, 1990. Edição fac-similada.

5 Idem, *Reflections on the Revolution in France*. In: *The Works of the Right Honorable Edmund Burke*. Boston: Little, Brown and Company, 1880, v. 3.

2.

Virar à direita acontece nas *piores* famílias. Há direitas e direitas. Um esquerdista moderado é preferível a um direitista reacionário que procura recriar no presente um estado de perfeição que ele acredita ter existido no passado. Revolucionários, reacionários – não deixa de ser irônico, tal como sublinhado por Anthony Quinton no mais importante ensaio que conheço sobre o conservadorismo britânico (*The Politics of Imperfection*[6]), como as mentalidades radicais partilham esse mesmo impulso perfectibilista. Regressar ao passado, regressar ao futuro: duas maneiras de recusar o presente e a complexidade que o define.

A mentalidade radical recusa essa complexidade; ou, alternativamente, converte a política numa forma de *simplismo* – a crença pueril de que as iniquidades que afligem os homens, *hoje*, serão removidas pela *simples* aplicação de um programa, de um manifesto, de uma dogmática qualquer, secular ou religiosa. Quando Burke se confronta com a atuação dos revolucionários franceses, não são apenas a violência e a desumanidade dos jacobinos que o perturbam; é, sintomaticamente, a forma como eles fogem da *dificuldade*, uma fuga que impediu, na França, qualquer solução reformista

6 Quinton, Anthony. *The Politics of Imperfection*. Londres/Boston: Faber and Faber, 1978.

consequente. Reformar é estudar; estudar é distinguir o que merece ser preservado do que merece ser alterado.

Na França, a recusa da dificuldade mergulhou o país num festival de sangue que é produto direto da mentalidade *radical* e *simplista*. "A raiva e o frenesi destroem mais em meia hora do que a prudência, a deliberação e a previdência conseguem construir em cem anos", escreveu Burke nas *Reflections*.[7]

Em rigor, o meu problema não é com a esquerda. O meu problema começa com os "amantes da humanidade" que pensam politicamente a partir de um lugar imaginário – e é possível encontrar alienados nos dois lados da barricada. Por isso proponho: direita e esquerda são conversa posterior. Primeiro, é preciso acertar os ponteiros do nosso relógio ideológico.

3.

Acertar os ponteiros. Foi o que fez Michael Oakeshott, uma grata influência no meu *cursus honorum*, em ensaio póstumo que releio com regularidade sazonal: *The Politics of Faith and the Politics of Scepticism*,[8] eis o título.

7 Burke, Edmund. *Reflections on the Revolution in France*, op. cit., p. 455.

8 Oakeshott, Michael. *The Politics of Faith and the Politics of Scepticism*. New Haven/Londres: Yale University Press, 1996.

Enganador título. "Fé" e "ceticismo" não devem ser lidos em sentido religioso ou filosófico. A "fé" não se refere a nenhum tipo de fé religiosa particular; e o "ceticismo" não procura questionar, sistematicamente, a própria noção de conhecimento ou certeza absolutos.

Os termos são políticos e foram tomados de empréstimo, pela elegância e profundidade, do pensamento de Oakeshott. A "política da fé" entende que a atividade do governo visa à busca da perfeição da humanidade – uma perfeição terrena, que dependerá exclusivamente do esforço e da razão humanos. As teologias tradicionais podem prometer um estado perfeito *depois* da nossa passagem por este Vale de Lágrimas. Mas os partidários da "política da fé" colocam esse estado no horizonte temporal do homem e estão dispostos a marchar até ele.

A "política do ceticismo", ao contrário, entende o governo não como uma entidade benigna, ou perfectibilista, mas *necessária*. Governar não é um exercício paternalista, mais próprio de quem encara uma comunidade como um rebanho que deve ser conduzido do curral para as doces pastagens (ou vice-versa). Governar é manter uma "ordem superficial", explica Oakeshott: um *modus vivendi*, um sistema de "direitos, deveres e formas de reparação", permitindo que sejam os homens a perseguir os seus fins de vida por sua conta e risco.

Para Oakeshott, a nossa linguagem e a nossa prática políticas têm oscilado, continuamente, entre a "política da fé" e a "política do ceticismo". E é possível encontrar partidários de qualquer um desses polos ideais em todas as ideologias políticas.

Se virei à direita, não virei para a direita da "política da fé".

4.

Sou um cético. Entendo os apelos da perfeição, mas, como alguém diria, sei que esses apelos são piores do que um crime – são um erro. Vamos por partes.

Os homens nasceram livres e, no entanto, encontram-se aprisionados em toda parte? Não é apenas o otimismo fantasioso da frase que me repugna, e sim a dimensão utópica do pensamento.

Minto. Como gênero literário, a utopia pode ter as suas vantagens. Isaiah Berlin, de quem falarei mais à frente com detalhe e que dedicou uma parte dos seus esforços intelectuais a entender e a desarmar o utopismo ocidental, também admite a beleza da utopia como aspiração poética, como contraponto imaginativo das nossas misérias correntes, como visão idealizada do passado – ou do futuro.

É a utopia *política* que me repugna, e não o impulso criativo, estético, literário de imaginar e sonhar com um mundo melhor.

A utopia *política* é uma chantagem sobre o tempo presente com a alegada superioridade de um tempo passado

– ou futuro. Uma chantagem que se converte em programa e ação: se a perfeição é possível, por que não procurá-la? Mais: por que não empreender todos os esforços humanos para realizar na Terra o que as religiões tradicionais apenas reservavam para o Céu?

Raymond Aron detectou com rigor a natureza dessas utopias. Chamou-lhes "religiões seculares" por entender que os movimentos totalitários do século XX se apresentavam como substitutos das religiões exaustas, capazes de reproduzir alguns dos traços centrais dos velhos dogmas. Esse mimetismo não permitiu apenas congregar novos "fiéis", que aderiram à ortodoxia por verem na "religião secular" o mesmo tipo de promessa messiânica que é possível encontrar no cristianismo. A "religião secular" conquistou também os intelectuais, resgatando-os da fragmentação ética e epistemológica da modernidade. Aron apontou aqui um grande traço de caráter: não há nada que mais assuste o intelectual moderno do que a sua potencial solidão em face dos consensos.

As "religiões seculares" oferecem um *sistema* – ou, uma vez mais, uma vulgata, uma *simplificação*. O seu problema, porém, não está apenas nessa dimensão mimética; está na inevitabilidade de violência que contêm. Quando se promete tudo e mais um pouco, a ausência de resultados imediatos levará o agente político fideísta a tentar encontrar os obstáculos, humanos ou materiais, que impedem a conclusão da obra. O político utópico nunca questiona a bondade da sua utopia, muito menos a exequibilidade dela. Um dogma não se questiona; aplica-se. E, se o resultado não é o desejado, é necessário encontrar os inimigos – reais ou imaginários – que ardilosamente corrompem a máquina. A história do século XX é um cemitério eloquente desse tipo de paranoia.

Para regressarmos a Oakeshott, a "política da fé" não encara apenas o governo como ilimitado e onicompetente para realizar a egrégia tarefa de conduzir a sociedade para fora da Caverna. A "política da fé" despertará sempre a sua nêmesis característica, o seu traço destrutivo e autodestrutivo. Essa dimensão acabará por emergir ao mesmo tempo que a perfeição prometida persiste em escapar dos dedos do agente político redentor – como, na verdade, ela sempre escapa. E, a cada desilusão sofrida, o reforço da velha ilusão. Sem fim, até o fim.

Edmund Burke foi um dos primeiros pensadores políticos a confrontar-se com essa inevitabilidade ao analisar a Revolução Francesa *antes* de esta se transformar num circo grotesco de violência. E fê-lo socorrendo-se de uma metáfora médica: a França é como um corpo doente que os revolucionários procuram curar com doses cada vez mais maciças de um "remédio" utópico. E, perante a ausência de melhoria do paciente, os revolucionários nunca questionam a excelência dos seus colírios: duplicarão a dose – até o momento em que o doente for um cadáver.

5.

Falei de Burke. Inevitável. Elementar. Ler as *Reflections on the Revolution in France* não é apenas um prazer literário só comparável ao melhor de Jonathan Swift ou Samuel Johnson. No meu caso, elas constituíram uma parte significativa do meu trabalho acadêmico e permitiram solidificar conceitos, argumentos – e perplexidades.

Desde logo porque as *Reflections* formulam duas questões que, sem exagero, infectam de dúvida toda a ambição utópica. Confrontado com a Revolução na França e com a ambição perfectibilista dos revolucionários de Paris, Burke pergunta: seremos capazes, nós, meros mortais, de atingir um estado de perfeição terrena? E, ainda que fôssemos capazes, como garantir que os nossos melhores esforços não seriam alterados, ou subvertidos, pela margem de imponderabilidade que sempre se abate sobre os assuntos humanos?

Duas questões simples, dois assaltos demolidores ao racionalismo europeu, que coloca na razão uma dose de arrogância e autossuficiência que a condição humana não autoriza. Cautela: questionar o racionalismo não significa questionar a razão como instrumento insubstituível do conhecimento. Significa apenas remeter a razão para o seu necessário, mas falível, papel.

Somos imperfeitos. Intelectualmente imperfeitos. Como Friedrich Hayek escreveria mais tarde, a mente humana será sempre incapaz de recolher e processar a quantidade ilimitada (e descentralizada) de informação disponível. Acreditar no contrário é acreditar em deuses, não em homens.

Não somos apenas intelectualmente imperfeitos. Vivemos num mundo de consequências indesejadas e indesejáveis; um mundo onde a imponderabilidade altera muitas vezes as nossas intenções primevas. As nossas sociedades não são máquinas, compostas por peças mecânicas regulares e previsíveis. Como nas histórias de Joseph Conrad, as sociedades assemelham-se a embarcações, sempre sujeitas a tempestades imprevistas e ao temperamento insondável dos viajantes – e do próprio mar.

O endeusamento da razão e a abolição do imponderável de qualquer cálculo político não são apenas um erro epistemológico; são um erro epistemológico que transporta consigo um preço de desilusão, de sofrimento – e, muitas vezes, de violência política.

Virei à direita por gentileza. Ou talvez por humildade intelectual: a razão é um instrumento necessário para operarmos politicamente. Mas é um instrumento limitado. Porque nós somos limitados e, além disso, porque existem margens de imponderabilidade que destroçam as melhores intenções. "Nunca podemos caminhar com firmeza", adverte Burke, "sem termos em conta a nossa própria cegueira".[9]

9 Burke, Edmund. A *Vindication of Natural Society*. In: *The Works of the Right Honorable Edmund Burke*. Boston: Little, Brown and Company, 1880, v. 1, p. 6.

Uma advertência que, admito, não tem a mesma ressonância heroica e até poética de homens que nasceram livres e se encontram aprisionados em toda parte.

6.

As nossas sociedades não são máquinas compostas por peças mecânicas regulares e previsíveis. Importa acrescentar: as nossas sociedades são compostas por pessoas. E basta um conhecimento vago da espécie para apreender a diversidade de gostos, opiniões ou ambições que compõem a comédia humana.

O problema do pensamento utópico não está apenas na arrogância do racionalismo; está na crença infantil, e obviamente falaciosa, de que as pessoas são *uniformes*. O escritor Julian Barnes, num romance que estimo (*A History of the World in 10½ Chapters*[10]), oferece-nos a visão de um mundo que põe em causa essa crença: um mundo de satisfação imediata, onde as necessidades são supridas sem dificuldade ou esforço.

Só que, a certa altura, no meio desse idílio, assalta o narrador uma inquietação primordial: e tanta satisfação não cansa? E se eu preferir menos, ou diferente, ou até

10 Barnes, Julian. *A History of the World in 10½ Chapters*. Londres: Vintage, 1989.

nada do que me é oferecido? E se eu preferir sofrer? Ou morrer? Em tom cômico, Barnes apresenta *a vida como ela é*: uma experiência feita de desejos múltiplos, contraditórios, tantas vezes irracionais, que desautoriza qualquer solução final imposta.

Li o romance de Barnes num outono inglês particularmente gelado. Estava em Oxford, num quarto monástico do St. Antony's College, e esperavam-me meses de pesquisa sobre a obra dispersa de Isaiah Berlin. A distopia de Barnes, porém, foi a melhor introdução possível ao pensamento de Berlin, um judeu nascido em Riga, atual Letônia, que escreveu abundantemente sobre essa impermanência humana. A história não é um fenômeno progressivo – e progressista, na melhor tradição da historiografia *Whig*: um crescendo de desenvolvimento intelectual, moral e material das sociedades humanas e das suas liberdades. A história é feita de avanços e recuos – uma dança permanente entre "ouriços" e "raposas".

Foi o poeta grego Arquíloco quem cedeu a Berlin a bicharada. E, com ela, a epifania: "A raposa sabe muitas coisas, mas o ouriço sabe uma coisa muito importante". Eis a diferença essencial entre os seres humanos: para uns, existe um único princípio explicativo sobre a existência (os "ouriços"); para outros, os fins são distintos, muitas vezes contraditórios – e até incomensuráveis (as "raposas"). Shakespeare era uma "raposa". Dostoiévski era um "ouriço". Tolstói, um caso pungente de autoflagelação existencial, era naturalmente uma "raposa", embora desejasse ser um "ouriço".

Na verdade, "ouriços" e "raposas" somos todos: alternadamente, concomitantemente, tragicamente. Se Burke deu os primeiros golpes na estrutura da utopia, Berlin concedeu-lhe a estocada de morte ao mostrar a incoerência conceptual em que o conceito assenta. De que falamos quando falamos de utopia?

Não, com certeza, de um estágio melhorado (ou reformado) da condição social e humana. Essa modéstia não casa bem com a magnitude do projeto. A utopia, esclarece Berlin, apresenta-se sempre como uma realidade estática onde os valores mais caros à existência humana se encontram reconciliados na sua expressão máxima.

Na utopia, a liberdade, a igualdade e a fraternidade são *totais* – sem concessões ou compromissos. Exatamente o contrário do que sucede na vida real, na vida dos homens reais, permanentemente divididos entre valores rivais, incompatíveis, incomensuráveis. "Total liberdade para os lobos significa a morte dos cordeiros", escreve Berlin.[11] Pensar politicamente é pensar num universo de escolhas, e de sacrifícios, e de compromissos.

11 Berlin, Isaiah. *The Crooked Timber of Humanity*. Princeton: Princeton University Press, 1997, p. 12.

7.

Recapitulemos: sou um cético; sou um pluralista. Não é função do governo conduzir uma comunidade rumo a um fim de perfeição. Não apenas porque os homens são incapazes de o atingir, mas porque esse fim é, conceitualmente, inatingível.

A função do governo é reconhecer a multiplicidade de valores que existem numa comunidade – valores que os homens perseguem diferentemente porque distinta é a natureza de cada um deles –, garantindo, apenas, um sistema de "direitos, deveres e formas de reparação", para relembrar a formulação minimalista de Oakeshott sobre as virtudes da "política do ceticismo".

Lembrar Oakeshott, entretanto, permite-nos igualmente lembrar que não é apenas a "política da fé" que apresenta a sua nêmesis característica. É fácil olhar para o século XX e, entre as ruínas das grandes utopias políticas, detectar as consequências nefastas da "política da fé".

Só que a "política do ceticismo" também surge ameaçada por um traço destrutivo e autodestrutivo. Ele pode ser menos espetacular do que as violências totalitárias da história, adverte Oakeshott, mas isso não significa que não seja igualmente perigoso – e, temo bem, disseminado nas sociedades liberais do Ocidente.

Esse traço poderá revelar-se quando a apologia de um governo mínimo e de uma conduta moderada e cética pelo agente político se funde e confunde com formas de quietismo que desencorajam esse mesmo agente de perseguir ideais substantivos. O que antes era excesso de política transforma-se agora num déficit de política.

Pior: esse quietismo pode mesmo ser reforçado pela própria natureza do pluralismo. Se o pluralismo apenas nos oferece uma multiplicidade de valores que combinamos e recombinamos de acordo com as circunstâncias *relativas* de determinado tempo ou lugar, estamos na presença de uma posição relativista, ainda que lhe conferindo uma titulatura pluralista. Não que isso seja um mal em si mesmo: para repetir o *jeu d'esprit* do filósofo Steven Lukes, é possível imaginar um mundo onde o liberalismo é a ideologia dos liberais – e o canibalismo, a dos canibais.

O que não é possível, acrescento eu, é confundir um liberal com um canibal. Se os valores são incompatíveis, conflituosos e muitas vezes incomensuráveis, não há nenhuma razão substantiva para conceder ao liberalismo – e aos valores que lhe são caros, a começar pela liberdade – qualquer tipo de prioridade na gramática pluralista. Liberalismo, canibalismo – apenas duas formas, inteiramente respeitáveis, de hierarquizar os valores disponíveis e de viver de acordo com tais escolhas.

Regresso ao autorretrato: sou um cético, sou um pluralista – mas o meu pluralismo tem limites. E é com vergonha que assisto à deriva demencial da esquerda "multiculturalista" que, levando o pluralismo às suas últimas consequências, é hoje incapaz de condenar práticas inapelavelmente desumanas que existem em culturas distintas do modelo democrático-liberal – ou até no seu interior.

Esse recuo da razão, essa rendição do juízo crítico, esse nivelamento imoral e amoral de todas as práticas e culturas apenas porque são *relativas* é a consequência inevitável de um problema maior: a incapacidade de reconhecermos a importância de alguns valores absolutos sem os quais nenhuma sociedade se pode reclamar como decente.

8.

Escrevi "valores absolutos". Deveria ter escrito "valores primários", em homenagem a um dos mais importantes professores que tive em Lisboa, John Kekes, ainda vivo e ativo. O mérito de Kekes esteve precisamente na audácia de distinguir (e defender) o pluralismo das suas famílias rivais: o relativismo, por um lado; o absolutismo, por outro.

Em obras como *The Morality of Pluralism* e, principalmente, *A Case for Conservatism*,[12] Kekes defende que o pluralismo deve recolher nas propostas relativista e absolutista aquilo que é

12 Kekes, John. *The Morality of Pluralism*. Princeton: Princeton University Press, 1993; *A Case for Conservatism*. Ithaca: Cornell University Press, 1998.

significativo para a compreensão e atuação políticas, sem cair, porém, nos extremos do relativismo e do absolutismo.

Do relativismo, uma proposta pluralista terá em conta os "valores secundários" que, relativos a certas culturas e sociedades, são ainda úteis a essas culturas ou sociedades. No fundo, Kekes, um dos mais sofisticados conservadores contemporâneos, repete o que Edmund Burke designara já como "segunda natureza", em referência direta a Aristóteles: o fato de habitarmos determinado contexto social acabará por nos oferecer um reservatório útil de valores e tradições, que será particularmente estimável num universo pluralista – ou sobretudo neste.

São esses "valores secundários" que possibilitam ao agente operar politicamente sem a paralisia agônica a que o pluralismo, em especial quando marcado pela incomensurabilidade dos valores, tantas vezes conduz as nossas sociedades. Defendemos certos valores porque são *nossos*; regressamos a eles porque são úteis.

O pluralismo deve respeitar e defender os valores relativos, socialmente localizados, que servem de guia imediato para qualquer comunidade. Mas Kekes alerta para os limites do relativismo. Porque não basta que as tradições sejam úteis; será importante que elas também sejam *benignas*. Práticas como a mutilação genital feminina ou a lapidação de mulheres adúlteras, para citar apenas dois casos de barbaridade "relativa", podem ser vistas como úteis pelos líderes de uma tribo, mas dificilmente serão benignas à luz de um conceito mais lato de *natureza humana*.

No espaço deste ensaio, talvez seja inadequado deter-se em conceitos complexos da filosofia política. É suficiente reafirmar, com base em Kekes (ou em David Hume), que a "natureza humana" não necessita de uma caução teológica ou metafísica para ser respeitada ou, pelo menos, considerada na discussão e na ação políticas.

A experiência empírica revela-nos, sem particular esforço, um conjunto de condições físicas, psicológicas ou sociais que nenhum homem, independentemente da sua vivência relativa, poderá desprezar. Como afirmou Burke no lendário processo de *impeachment* do governador-geral da Índia Warren Hastings, não existe uma "moralidade geográfica" – leia-se: uma moralidade que se altera com as variações planetárias de latitude e longitude – quando estão em causa agressões brutais e objetivas contra a natureza humana.

Como pluralista, não nego a multiplicidade de valores que constituem a nossa vida pessoal e comunitária; não nego a necessidade de escolhermos entre valores rivais. Ao contrário: a minha costela conservadora entende, como Oakeshott afirmou, que uma sociedade será tão mais feliz quanto mais extensos forem os seus recursos morais e civilizacionais. São esses recursos que, ao fim e ao cabo, permitem a sobrevivência de uma sociedade, e são eles que se oferecem também como instrumentos básicos de qualquer reforma necessária. Só é possível reformar por referência ao que se preservou.

Os "valores secundários", entretanto, não bastam quando se ignoram "valores primários" que defendem a integridade da natureza humana. Para usar as palavras do bardo, o sangue tem a mesma cor, seja no Brasil, em Portugal ou na China.

9.

Aproximo-me do fim e existe uma questão que persiste: fará sentido, hoje, depois da falência das grandes narrativas ideológicas, falar ainda de esquerda e direita? A pergunta exige uma divagação. E um recuo com dois séculos de história.

Divaguemos. Em exercício meramente ocioso, convém perguntar o que seria dos termos "esquerda" e "direita" se a falange antimonárquica não se tivesse sentado à esquerda na primeira reunião dos Estados Gerais, nos idos de 1789. A esquerda seria ainda *a* esquerda? E o que seria da direita, se por obra e graça do destino ela *não* se tivesse sentado à direita?

Perguntas supérfluas, admito. Mesmo que a esquerda se tivesse sentado à direita, há um patrimônio linguístico, cultural e até visual que a identifica com o desafio à ordem estabelecida – a ordem que a direita presumivelmente defende. Basta estudar como a arte ocidental representou os lados direito e esquerdo ao longo de sua história, uma tarefa hercúlea que James Hall empreendeu no livro *The Sinister Side: How left-right Symbolism Shaped Western Art.*[13]

Em todas as culturas, explica Hall, persiste o dualismo esquerda/direita, e a regra é uniforme: a esquerda perde no plano moral. Para as tribos Maori, por exemplo, a direita é o "lado da vida" (ou da força), enquanto a esquerda representa o "lado da morte" (ou da fraqueza). Na sua *República,* Platão não hesita em conceder a eternidade para os justos, convidando-os a ascender pelo lado direito. O mesmo acontece no dia do Juízo Final do cristianismo. Aliás, se dúvidas houvesse, bastaria relembrar aos incréus que o Bom Ladrão está crucificado à direita de Jesus – que depois da morte e da ressurreição *não* estará sentado à esquerda do Pai.

James Hall, nesse brilhante tratado, ainda procura resgatar a esquerda do opróbrio simbólico a que foi votada: nos séculos XIX e XX há uma revalorização do lado esquerdo (tido como o lado "compassivo", "feminino", "maternal").

Apesar disso, Hall não nega uma forte tradição iconográfica e iconológica que atribui à esquerda as cores da ameaça – e do Mal. Que o digam os romanos, nossos antepassados, que plantavam à porta das casas um escravo que tinha como propósito confirmar se os convidados nelas

13 Hall, James. *The Sinister Side: How left-right Symbolism Shaped Western Art.* Oxford: Oxford University Press, 2008.

entravam com o pé certo: o direito. Uma superstição que alguns de nós – os mais paranoicos, digamos – continuamos a perpetuar nas nossas fobias mundanas.

Nos Estados Gerais de 1789, houve uma feliz coincidência espacial e cultural: a esquerda, simbolicamente identificada com o perigo e a desordem, era também o espaço majoritário onde se sentavam os opositores da ordem estabelecida e dos direitos aristocráticos e eclesiásticos que as guilhotinas acabariam por destroçar.

Mesmo essa coincidência, por mais feliz que seja, não nos leva demasiado longe do ponto de vista substancial ou ideológico. Identificar a esquerda com a oposição à ordem e a direita com a sua defesa ignora um dos aspectos mais perturbantes da dicotomia: a existência de várias direitas – e mesmo de várias esquerdas. Edmund Burke, o fundador de uma tradição moderna de conservadorismo, vislumbrou nos revolucionários franceses as sementes da destruição e do crime. Mas ele foi também um defensor dos colonos americanos em face da administração de George III.

Contornar esses desconfortos situacionais pode passar pela proposta de Steven Lukes, segundo a qual é possível encontrar um cimento substantivo entre as esquerdas (e as direitas) que separa as duas famílias. Esse cimento, designa-o Lukes como "princípio de retificação": a esquerda, mediante o poder político, procura corrigir as desigualdades naturais ou artificiais entre os indivíduos de uma sociedade;

a direita tende a opor-se a essa retificação, valorizando antes a liberdade individual e as inevitáveis desigualdades que emergem no processo.

Não me vou opor à argumentação de Lukes, embora pudesse recordar vários exemplos de "retificações igualitárias" operadas por homens de direita: Churchill, na Grã-Bretanha, é apenas um dos casos mais importantes na primeira metade do século XX. O que hoje entendemos por Estado de Bem-Estar Social, em particular na Europa, *não* foi obra exclusiva de homens de esquerda.

Mas não me oponho à argumentação de Lukes, pois existe um fundo de verdade nela: para retomarmos a *concordia discors* entre "política da fé" e "política do ceticismo", é fato que existem "fideístas" e "céticos" à esquerda e à direita. Também não deixa de ser igualmente verdadeiro que uma forma "cética" de política, hoje, será predominante entre aqueles que, à direita, procuram retirar ao Estado a possibilidade de este se assumir como agente onicompetente na vida política de uma sociedade.

Não se trata, na melhor tradição libertária, de pretender a abolição do Estado – como se isso fosse possível ou até desejável. Trata-se apenas de o remeter para o seu papel mínimo, embora necessário, na manutenção de uma "ordem superficial" que respeite a verdade última do pluralismo: a ideia de que as sociedades são compostas por seres humanos distintos, que perseguem fins distintos de vida – por sua conta e risco. O Estado deve garantir uma proteção mínima para os perdedores momentâneos do jogo. Não deve viciar esse jogo.

10.

"Remeter o Estado para o seu papel mínimo": releio a frase e sinto a minha ideológica solidão. Nasci em Portugal, terra pouco acolhedora para céticos e pluralistas como eu. Exagero? Alguns dirão que sim. E, repetindo Joaquim Nabuco nas suas memórias, dirão também que foi "a impressão aristocrática da vida" que me fez virar para uma direita imaginária. As múltiplas referências anglo-saxônicas que ficaram para trás denunciam-me como um "estrangeirado", incapaz de entender a história de um povo.

Perante as acusações, só me posso declarar culpado. De fato, desejar um Estado que garanta apenas esse sistema de "direitos, deveres e formas de reparação", libertando os indivíduos para que eles persigam os seus fins de vida por sua conta e risco, é remar contra uma história de oito séculos e meio. Uma história de forte patrimonialismo, em que o Estado foi o agente central da independência, da resistência, da sobrevivência e da exploração imperial.

Mesmo as direitas portuguesas que se foram apresentando a concurso desde o liberalismo, em maior ou menor grau, sempre transportaram esse vício de forma: o vício de pensar o Estado como o ator principal da nossa mudança e do nosso progresso – uma forma de "fé" que exclui a existência de uma comunidade de homens livres.

O salazarismo foi apenas a última moda, em tons ditatoriais, de um governo decidido a suplantar o pluralismo de qualquer sociedade humana pela propagação de certezas inquestionáveis: Deus e a virtude, a Pátria e a sua história, a autoridade e o seu prestígio, a família e a sua moral, para usar as palavras do próprio António de Oliveira Salazar no discurso do décimo aniversário do pronunciamento militar de 28 de maio de 1926, que terminou com a Primeira República portuguesa (vigente desde 1910) e trouxe os militares (e Salazar) para o poder.

O problema é que essa tradição em que o Estado é o elemento agregador e central da vida política dá sinais de esgotamento: a crise econômica e financeira que Portugal atravessa é também uma crise do seu Estado – da incapacidade deste de continuar a ser, como até aqui, o elemento onicompetente da existência coletiva.

Uma dramática situação que é agravada pela circunstância histórica em que o país se encontra: vivendo num mundo pós-colonial e com a União Europeia em visível processo de desagregação perante os intratáveis desequilíbrios econômicos dos seus membros, os portugueses confrontam-se com a obrigação de *regressar à casa* depois de todas as diásporas, e sem os tradicionais balões de oxigênio que, da África à Índia, do Brasil a Bruxelas, foram insuflando ar nos pulmões de um Estado balofo e voraz. A essa, como a outras questões, aplica-se uma velha máxima: o que não pode continuar não continuará.

Afinal de contas, virar à direita é saber virar de acordo com as *circunstâncias*. E são elas que, para regressarmos a Burke, dão a cada princípio político a sua cor distinta e o seu efeito particular.

Saber que as circunstâncias mudaram o papel e a vocação do Estado português nos alvores do século XXI não é virar para uma direita imaginária; é, tão só, convidar um país imaginário a virar para a realidade.

A formação de um pessimista

Luiz Felipe Pondé

Para minha irmã Mônica Pondé (1957-2011)

Este ensaio é uma tentativa de narrar minha opção pelo pensamento conservador. Não me atenho ao pensamento de esquerda em si. Faço-o apenas quando é necessário marcar a diferença entre as duas posturas. Minha opção foi por uma narrativa que descrevesse um processo que se faz anteriormente à discussão política e que nesta encontra eco e convergência na "sensibilidade" conservadora.

A OBJETIVIDADE DESOLADA

Cresci num ambiente secular. O ateísmo ou as questões relacionadas a Deus sempre foram servidos por minha família no café da manhã, com o pão e o queijo. Não posso imaginar experiência mais livre. Um dia, percebi que essa liberdade era fruto da solidão que inundava a todos à mesa. Ela mesma, a solidão, foi a mãe de minha liberdade de pensamento. O sentimento de abandono no mundo foi meu pai.

Acredito mais na maldição do temperamento do que na autonomia das ideias; mais nos azares do cotidiano do que nas concepções racionais da vida. Sou um empirista assombrado pela hostilidade dos elementos naturais e pela vida – também pelo destino. A empiria em mim nasceu do medo do mundo e da percepção do fracasso inevitável do homem. Quando li Karl Jaspers e sua filosofia da existência, pareceu-me óbvio que qualquer verdade filosófica ou pessoal devesse nascer da percepção do naufrágio que nos aguarda.

Sempre fui torturado pela percepção de que os homens são incapazes de enfrentar as próprias escolhas erradas. Diria que eu quase sofri, na infância, de uma forma branda de misericórdia pela fraqueza humana. Ainda criança, comecei a ter esse temperamento de desconfiar das utopias, por perceber nelas um ódio essencial ao mundo tal como ele é – ódio que não sinto. Para mim, o mundo era antes de tudo uma das faces da insuficiência humana, carregando consigo a deformação de nossa dor crônica e infinita.

O valor da objetividade dos fatos do mundo veio acompanhado da paixão pelo fracasso das ilusões. Assim, cada conceito nasceu de seu correlato no afeto, no sentido filosófico mais pleno, de *páthos*, paixão, algo que nos afeta e nos domina. De algum modo, já aparecia para mim a suspeita cética, enunciada por David Hume, de que a razão está sempre submetida aos afetos e que, sem conhecê-los, seríamos irracionais.

Aos doze anos, um amigo – de apenas dez anos – morreu numa enchente em Salvador. Lembro que, no cemitério, sentei ao lado de seu irmão mais velho, sobre um túmulo, enquanto chovia. Hoje, quando vejo cenas de filmes em que pessoas ficam paradas na chuva, sem se proteger da água, entendo que "rituais" como esses marcam nosso pertencimento inevitável à natureza.

No cemitério, eu sentia o perfume de terra molhada. A dor provocada por aquela tragédia e o silêncio raivoso do irmão são exemplos do que entendo como condição do homem diante de Deus. Relendo o mito da queda de Adão e Eva, muitos anos depois, vi que esse sentimento é a matriz do pecado: a revolta contra Deus era inevitável.

É essa inevitabilidade da revolta, sustentada por uma inveja atroz da imortalidade dos deuses, que me fascina. O rosto deformado pela inveja é nosso destino no mito. Até hoje acho que o cemitério é o lugar por excelência da filosofia. Mais tarde, conheceria outros dois espaços apropriados à reflexão: o hospital e o necrotério. Até hoje, pouco importa onde eu esteja, quando falo de filosofia, estou sempre instalado em um desses três lugares. Minha "sinceridade" filosófica deita raízes nesse tipo de terreno.

Estudei em um colégio de jesuítas em Salvador. Ainda hoje guardo simpatia e respeito por eles. Não tive nenhuma experiência ruim com os padres. Ao contrário, aprendi a respeitar a Igreja Católica, porque, ao lado de uma sólida formação educacional, eles me fizeram ver a riqueza da religião como filosofia e também conhecer a barbaridade da pobreza – trabalhei em bairros miseráveis e testemunhei quanto os pobres ansiavam por deixar a pobreza.

Terminada a escola elementar, decidi estudar medicina. No primeiro ano da faculdade, soube que não seria médico. Não tive coragem de deixar a escola, porque venho de uma família de médicos. Em vez disso, "adiei" minha vida, indo morar num *kibutz* em Israel.

Entretanto, a visão médica do homem – com sua fisiologia frágil, sua biologia condenada ao fracasso e seu destino patológico – me acompanha desde essa época como uma espécie de controle de qualidade do pensamento. Fui estudar Freud e Lacan para "salvar" meu curso de medicina, e eles acabaram me encaminhando para a filosofia. O homem como vítima de suas pulsões completou minha impressão de sermos vítimas de nossa fisiologia.

Uma rápida passagem pelo teatro, ainda em Salvador, e o contato com a tragédia (grega e shakespeariana) apuraram minha visão de mundo. Fui diretor de quatro peças de teatro amadoras. Responsável pelos espetáculos como um todo, percebi nas pessoas algo que mais tarde se tornaria um novo motivo para eu me afastar da esquerda (com a qual apenas flertei, como faz todo jovem; em meu caso específico, fui um sartriano convicto). Percebi que, além de serem diversos uns dos outros, os homens possuem capacidades e inteligências em diferentes graus. Aqueles que são mais capazes se incumbem dos encargos mais difíceis, enquanto os demais se aproveitam e, se são de esquerda, valem-se de uma série de argumentos para justificar sua preguiça e sua mediocridade.

Essa experiência me ajudou a entender mais tarde o que quis dizer a filósofa russa Ayn Rand, em *A revolta de Atlas*,[14] ao falar da preguiça da maioria e de como alguns poucos homens carregam o mundo (como Atlas) nas costas. A beleza com que Rand ilustra sua teoria da objetividade do valor foi para mim uma revelação: as pessoas corajosas, trabalhadoras e inteligentes (valores) geram de modo objetivo vida e riqueza – não só material – a sua volta, enquanto os preguiçosos, medíocres e covardes (valores) empobrecem objetivamente o mundo. Quando deparo com certas reuniões na universidade, compreendo claramente a descrição que Rand faz de como a mediocridade e a covardia arruínam a vida cotidiana. Medíocres adoram esse tipo de reunião, porque assim podem ser preguiçosos com desculpas burocráticas.

14 Rand, Ayn. *A revolta de Atlas*. São Paulo: Arqueiro, 2010, 3 v.

Quando entrei na Universidade de São Paulo (USP) para estudar filosofia, já não era capaz de ser de esquerda. A base de minha visão de mundo estava pronta, embora não tivesse consciência clara sobre ela: eu era um pessimista trágico. "Esquerda", para mim, naquele momento, era antes de tudo um comportamento, e não um corpo formado de ideias.

Mesmo assim, o sentimento de que as posições de esquerda quase sempre ocultam problemas de caráter se tornou uma obsessão para mim. Atravessei uma grande greve de estudantes e professores na USP e constatei o mesmo que descobrira nos tempos da escola de medicina na Bahia e da "reconstrução" da União Nacional dos Estudantes (UNE), em 1979, com a abertura política: o movimento estudantil, em sua quase totalidade, era um ninho de canalhas manipuladores que se diziam preocupados com a qualidade do ensino, mas, no fundo, não queriam assistir às aulas. Continuo a ter a mesma percepção hoje em dia.

Só fui ler Marx na universidade. E gostei. Não tenho dúvida de que a mercadoria causa impacto no modo de vida capitalista. O que não creio é que se possa criar um mundo diferente, porque entendo o capitalismo como uma forma de vida ajustada à miséria do desejo infinito do homem (nosso mal infinito).

Na USP, senti certo preconceito, da parte de alguns

professores (e nunca dos alunos), com respeito a minha condição de nordestino. Piadas semelhantes às que norte-americanos fazem sobre nós, latinos, eram frequentes e cotidianas. Entretanto, minha capacidade intelectual, bem como minha disciplina (já estava casado e tinha um filho), me faziam sentir que muitos de meus colegas eram como crianças frágeis com dificuldades metafísicas imaginárias ("Peter Pan *à la* Dostoiévski", como fala uma personagem de *Contraponto*, de Aldous Huxley).

Eu trabalhava e estudava, mas nunca fiz parte do grupo que se achava "dono" do destino da faculdade de filosofia. O futuro daria razão a meu sentimento: eu nasci para fazer filosofia entre "bárbaros", porque minha "classe" (a dos filósofos profissionais) não quer pensar o mundo, mas viver às voltas com suas intermináveis teses de doutorado e seus artigos inofensivos, que, aliás, ninguém lê.

Com o passar dos anos, cresceu em mim a sensação de que a academia vai, pouco a pouco, tornando estéreis seus talentos, que se perdem nos cálculos da própria produtividade nula. É o que diz Russel Kirk sobre o "fim da universidade": a partir de certo momento, a universidade se tornou foco de gente ("sem posses") que quer ascender socialmente por meio de uma carreira acadêmica e, por isso, já não se importa com o que pensa, contanto que ganhe um bom salário e tenha a garantia de emprego. A universidade, hoje, é um dos lugares de maior miséria espiritual que conheço.

Duas escolas filosóficas marcaram minha vida na faculdade: o ceticismo grego e o pensamento de Nietzsche.

Ceticismo, em filosofia, é uma atitude e uma tradição. Como tradição, marca a dúvida com relação ao conhecimento como um todo. A filosofia antiga sempre foi uma espécie de "sabedoria prática", uma *phrónesis*. Assim, na Grécia, os filósofos céticos eram muitas vezes assimilados aos médicos ou aos sábios.

Qual seria a sabedoria prática do ceticismo? Antes de tudo, que a razão é insegura quanto ao que toma como verdade; sua relação com os órgãos dos sentidos tampouco é evidente como fundamento; enfim, que a cognição pode falhar, e daí nossa memória e nossas teorias sobre o mundo falharem muitas vezes. Ceticismo não é apenas dúvida com relação à religião. Ele é mais viril quando duvida da razão, dos sentidos e dos projetos racionais para a vida como um todo.

O desdobramento prático dessa condição é o valor do hábito como fundamento para a sobrevivência no mundo. Hábito aqui deve ser entendido como uma espécie de somatória de costumes morais, crenças religiosas, vivências psicológicas, experiências sociais sedimentadas e afetos constituídos – ou, como dizem os britânicos, "hábitos do afeto". Desde Enesidemo ou Agripa, os antigos sabem que o hábito de alguma forma retém em si um *quantum* de conhecimento que garante a vida concreta. Esse hábito na ordem do tempo constitui grande parte do que se entende por tradição. Seja na Grécia antiga, seja em Montaigne, Hume ou Michael Oakeshott, é forte a relação entre ceticismo e a ideia de "conservar" o hábito.

Quando eu lia os céticos gregos e modernos na graduação, não tinha clareza sobre a relação entre a dúvida e a validade do hábito como crítica de grande parte do pensamento político moderno e atual, mas já percebia que o "racionalismo" (no sentido que lhe dá Oakeshott, a saber: a crença de que toda ação humana seja passível de organização e projeto racional, de "*design*") é um exagero. Mais tarde, no encontro com Edmund Burke e na percepção do debate político contemporâneo, poderia construir minha concepção de que o pensamento conservador em política bebe muito no ceticismo e na defesa do hábito do afeto, e não da razão discursiva.

Claro que o ceticismo tem enorme consequência nas relações entre política, moral e religião, e muitas vezes resvala na suspeita de niilismo. Do ponto de vista de vários conservadores religiosos, um "conservador cético" não é alguém de confiança para convidarmos a um jantar em nossa casa, na medida em que o valor da crença religiosa se sustenta no valor do hábito e não do conteúdo de fé propriamente dito. Por exemplo, a crença numa providência divina agindo sobre a história (presente, por exemplo, em Burke e Kirk, entre outros) é completamente estranha para uma defesa cética do hábito (presente em Hume e Oakeshott).

Também na graduação de filosofia, o conceito de trágico ganhou corpo para mim no encontro com a obra de Nietzsche. Foi por meio dela que me dei conta de que a tragédia seria antes de tudo uma crítica ao medo da falta de significado da vida. Minha natural tendência ao pessimismo, até então ancorado na visão da fragilidade humana e de seu fracasso fisiológico, ganhou estatuto filosófico na luta nietzschiana contra o ressentimento e na afirmação de uma vida sem medo da contingência (mas nem por isso sem agonia). O olhar pessimista que normalmente se coloca sobre o ceticismo foi de certa maneira radicalizado no encontro com a tragédia. A visão de que o homem é como um barco perdido em uma tempestade formou-se em meu horizonte. Tornei-me um filósofo melancólico.

Além da tragédia e do ceticismo, outras duas referências da filosofia grega são essenciais para minha visão política e moral: o conceito de acaso e a ética estoica.

O acaso, tal como tratado por atomistas e epicuristas, funda minha "cosmologia": a contingência é o fundo da realidade. Nesse sentido, não compartilho a visão conservadora que supõe haver uma providência na história ou uma inteligência que ordena o universo, um pouco aos moldes aristotélicos, e muito menos em sentido moral. Ver o fundo da realidade como acaso também desarticula qualquer opção por um "sentido histórico" do tipo hegeliano-marxista.

Assim como os átomos vagam por um espaço vazio, os homens perambulam por um tempo vazio de sentido último. Minha opção pelo conceito de hábito mostra aqui também sua importância: o hábito estabiliza comportamentos contra um pano de fundo de eventos randômicos e de uma razão sob domínio do *páthos*. O hábito encarado do ponto de vista de acúmulo de "*design* ético" (hábitos de comportamento), selecionado por sustentar melhor a vida num campo de eventos randômicos, como é visto no darwinismo, teria lugar essencial em minha simpatia pela teoria de Charles Darwin.

Resumindo: o hábito é o comportamento repetido que deu certo num cenário dominado pelo acaso e pelo risco.

Outra forma de acaso que causou impacto na filosofia grega foi a ideia de *páthos* (paixão, sofrimento, doença) como acaso dentro da alma e do corpo. Estou convicto de que as paixões têm prevalência sobre a razão. As paixões, quando instaladas na alma (ou em qualquer conceito que tome seu lugar), geram desordenamento do intelecto e da vontade. Nesse sentido, como estamos submetidos aos riscos das paixões, elas são uma das formas mais concretas do acaso.

O medo das paixões e a luta contra elas são a chave para meu interesse pela ética do estoicismo, que sempre me pareceu uma ética da elegância: colocar sob controle a desordem das paixões é uma luta que enobrece a vida. A ideia de uma *apátheia* estoica talvez seja o ponto mais alto a que pode chegar o homem na luta solitária contra seus demônios.

A NATUREZA HUMANA

No doutorado, trabalhei com a obra de Blaise Pascal. Minha intenção era, de início, refletir sobre a tragédia na história da filosofia, chegando até Freud. Mas parei em Pascal, que me levou a uma dura reflexão sobre a natureza humana por conta de seu agostinismo marcante, segundo o qual carregamos todos a marca do pecado original.

Para mim, pessoa visceralmente não religiosa, nunca foi de fato importante o catolicismo de Pascal, mas sim sua descrição da condição caída como melhor retrato empírico do homem: orgulho, inveja, desejos sexuais incontroláveis e a impossibilidade de sair dessa armadilha – enfim, certa *hybris* em versão cristã. A tradição jansenista, da qual ele também fazia parte, era marcada pela crítica das falsas virtudes e das mentiras sobre si mesmo que sustentam o homem. Jansenistas eram os agostinianos franceses modernos, principalmente do século XVII.

Entendi que não se podia negar a miséria humana com sua tendência para o orgulho. Quando li em Burke – grande patriarca do pensamento conservador – que Rousseau –

principal patriarca do pensamento de esquerda, antes de Marx – era "o filósofo da vaidade", sabia do que ele falava: daquela vaidade da qual não escapamos, por não suportarmos nossas fraquezas, nossa finitude e nosso fracasso. Decidimos, então, mentir sobre nossa miséria, nossa fraqueza, nosso fracasso, a fim de que os mentirosos ganhassem o poder da sociedade "elogiando" a vaidade humana. Burke, assim como Pascal e os jansenistas, percebeu que a modernidade faria uma opção por negar as misérias humanas em favor de nossa vaidade. A esquerda é o nome dessa opção.

Por negar a autonomia do homem e apontar seus limites morais "caídos", a filosofia pascaliana foi assimilada à posição anti-humanista. Já no Renascimento, autores como Pico della Mirandola trataram com otimismo da "dignidade na natureza humana" e negaram os danos estruturais do pecado. Pascal, ao contrário, via nessa negação a grande mentira que nascia com a Idade Moderna.

Minha primeira intuição contrária ao chamado "pensamento progressista" foi que este, por má-fé ou ignorância, desconhecia seu objeto: o ser humano. Meu argumento, com o passar do tempo, tornou-se cada vez mais empírico. Para mim, a consistência dos autores conservadores está no pessimismo deles com relação ao homem e à estrutura da vida e do mundo.

Filosofar é conversar com mortos. Sempre penso nos autores com os quais aprendi a ver o mundo como sendo meus patriarcas, no sentido bíblico. Só depois de meu contato com o mito da queda em Pascal, voltei, já com intenções filosóficas, à Bíblia, que considero o maior clássico da literatura ocidental. Quando estou em jantares com pessoas "inteligentes", costumo escutar absurdos como: "A Bíblia é um livro opressivo e ultrapassado". Para mim, esse é um teste definitivo de repertório: quem pensa assim é basicamente um ignorante. A clássica desqualificação que a esquerda faz da herança bíblica, confundindo-a com as mazelas da história do cristianismo, é um indicador de sua inconsistência intelectual.

Entendo a Bíblia como um livro que descreve a condição humana e suas agonias. De cara, o mito da queda aponta o lugar dessa agonia: a inveja de Deus e o orgulho como negação neurótica dessa inveja. Em minha visão da natureza humana, isso é uma fonte de sentido. Há uma profunda verdade acerca da "essência" da natureza humana na inveja de Deus que Adão e Eva sentem. Vejo esse mito um pouco como Freud leu o Édipo grego: uma narrativa que descreve uma condição estrutural, um atavismo ontológico. E de onde vem essa inveja?

Posso dar duas razões. Primeiro, porque Adão é chamado por Deus de *chomer* (guardião) da Criação, que é tudo o que existe, inclusive o próprio Adão e sua alma. Logo, tudo é emprestado ao homem, nada é de sua propriedade – Adão é um guardião e não o dono. Em segundo lugar, no Êxodo, quando Moisés, na famosa passagem da sarça ardente, pergunta a Deus qual é o nome dEle (na versão cristã), Deus responde: "Eu sou aquele que é". Isso remete ao fato de que apenas Deus tem ser, enquanto o resto da Criação tem ser apenas por empréstimo, de graça.

Ambas as passagens marcam a condição insuficiente de todos os seres, menos de Deus (essa é a diferença ontológica entre Deus e a Criação). Tal condição fundamenta a dependência de Deus, que Adão recusa infantilmente, e o orgulho, que é uma vã tentativa de negar a mesma condição.

Por isso, Agostinho diz que o orgulho é a raiz de todo pecado. Trata-se de uma mentira essencial sobre nós mesmos, algo que "herdamos" como estrutura psicológica. A inveja de Deus nasce daí: Ele é, eu não. Para Agostinho, os homens viverão tentando negar isso, o que consome quantidades enormes de "energia psíquica", diria eu, em sentido psicanalítico. O orgulho é a mentira essencial que estrutura nosso caráter, ou seja, a tentativa de negar o vazio ontológico que nos constitui.

O parentesco entre o homem e o Nada (de onde ele foi tirado) implica uma luta contínua do homem para negar o Nada ou para assumi-lo. Daí que a atitude moral esperada é a humildade diante dessa insuficiência ontológica. Em linguagem "comum", isso significa reconhecer nossas fraquezas constitutivas.

Uma antropologia agostiniana sempre deixará o filósofo atento à fenomenologia do comportamento pautado pelo orgulho e pela inveja. No fundo, trata-se de uma hermenêutica moral: a moral tenta esconder a consciência da insuficiência ontológica porque ela gera todo tipo de fracasso nos projetos humanos.

Outra passagem significativa da Bíblia é a "cena" em que Caim mata Abel porque este era o preferido de Deus. Essa é outra chave de análise do comportamento humano: detestamos quem é melhor do que nós. De novo, a inveja, agora dos homens em relação aos homens, que são desiguais, sendo uns melhores do que outros. A afirmação de que os seres humanos são iguais é uma farsa, por isso serei redundante para fazer disso uma máxima: alguns poucos são melhores e carregam o mundo nas costas, enquanto os outros apenas se aproveitam, como diz Ayn Rand, que nada tinha de cristã e era ateia convicta.

Por último, o Eclesiastes e seu mantra "tudo é vaidade". Sob o sol, tudo é vaidade porque tudo é vão. A vaidade, aqui identificada como vento, nuvem, pó e efemeridade essencial, dialoga com a vaidade de Adão e Eva e com a inveja que o homem tem do Ser de Deus, tal como exposta no Êxodo. Somos vaidosos (orgulhosos) porque no fundo somos apenas pó (insuficiência ontológica). O horror ao pó que nos faz estremecer (em sofrimentos, medos, carências e ódio aos melhores) também nos faz mentir sobre nós mesmos e o próprio horror.

Esse pessimismo ontológico e antropológico teria importante papel em minha recusa das utopias políticas modernas que alimentam o ideário das esquerdas, todas elas baseadas na negação da miséria humana essencial. Em relação à condição humana, a descrição bíblica parece muito mais verdadeira do que os delírios da política marxista do homem novo. Sempre que apostamos no pecado como grade de análise moral, temos mais chance de fazer "ciência" da moral, porque nosso temperamento é orgulhoso e invejoso. Eis por que vejo a Bíblia como um livro empírico.

PASCAL: A FUGA DA ANGÚSTIA

Volto a Pascal – outro de meus patriarcas – para discutir um par de conceitos: *divertissement* (divertimento, desvio, distração) e *ennui* (angústia, tédio). Além de sua exposição agostiniana do pecado, a psicologia do *ennui* é central no pensamento pascaliano e exercerá longa influência no pensamento posterior, de Kierkegaard a Sartre, de Jaspers a Heidegger, de Unamuno a Cioran. Para Pascal, a substância do que chamaríamos de alma é a angústia e o tédio.

Ao apreendermos nosso vazio ontológico – intuição que produz em nós sentimentos de desamparo e desespero –, reagimos a tal condição recorrendo a instrumentos de "distração". Toda atividade do homem está empenhada em distraí-lo, ou seja, está a serviço dessa fuga monótona e interminável de si mesmo. A ideia de uma transformação política do homem, nos moldes da herança rousseauniana, sempre esbarrará nesse muro de infelicidade escondida.

Somos almas que não suportam o próprio vazio e, portanto, "inventamos" enredos para colocar nossos demônios à sombra, como diria Dostoiévski. Toda ilusão política aparece, assim, sob o cenário de sua condição "divertida". Pensar pascalianamente sobre o homem será manter os olhos abertos ao fundo da alma que se apreende como insuportável poeira.

DAVID HUME: O CETICISMO COMO FUNDAMENTO DO PENSAMENTO CONSERVADOR

É essencial, segundo Hume, a noção de hábito como modo de operação humana para além de qualquer fé na razão. Para ele, que foi o maior cético moderno, um risco de acaso ronda o universo. Movemo-nos sob esse pano de fundo, pelo sucesso de nossos hábitos cognitivos, como numa espécie de dança cega de tentativa e erro. Muitos especialistas têm apontado as semelhanças entre Hume e Darwin por conta dessa noção de hábito "selecionado" (em sentido darwiniano) como modo do sucesso adaptativo cognitivo que constrói nosso "conhecimento do mundo e da vida".

O ceticismo de Hume me parece acertado, justamente por ele insistir no domínio das paixões sobre a razão. Para ele, os afetos desarticulam a "operação racional". Nenhum outro autor moderno, além de Pascal, me fez pensar na insuficiência da razão e no "fanatismo dos racionalistas", com sua negação histérica dessa insuficiência. Ele associava esse tipo de fanatismo ao de alguns cristãos de sua época (mais especificamente, os puritanos). A relação entre fanatismo da razão – com suas engenharias sociais, políticas e morais – e fanatismo religioso foi para mim uma intuição central e está no coração do conservadorismo cético do humeano Oakeshott, já no século XX. É exatamente nessa tradição que mais me encontro em casa em matéria de política.

EDMUND BURKE: A COMUNIDADE DE ALMAS CONTRA A VAIDADE DOS REVOLUCIONÁRIOS FRANCESES

Minha visão de "contrato social" é burkeana. A sociedade é uma comunidade de almas (posso ler essas "almas" de modo metafórico) que reúne os mortos, os vivos e os que ainda não nasceram, pensa Edmund Burke. Essa definição me parece muito interessante, na medida em que "limita" duas coisas. Primeiramente, a ideia de que o passado não vale nada como referência. Para mim, os "mortos" significam antes de tudo o hábito moral adquirido. A desconfiança de Burke com relação à "obsessão pelos vivos" materializada no racionalismo revolucionário do presente é, acredito, diretamente proporcional à prudência como maior virtude política.

"Os que ainda não nasceram", por sua vez, marcam a responsabilidade de não fazermos deles as vítimas de nossos delírios de gabinete. A expressão *closet theories* (teorias de gabinete) serve ao conservador inglês para se referir àqueles que criam projetos políticos e morais sem sair de seu escritório, julgando ter entendido toda a humanidade apenas graças a suas elucubrações mentais (Burke pensava em Rousseau e nos revolucionários franceses).

Grande parte do pensamento conservador se enraíza nessa crítica ao "abstracionismo" dos revolucionários franceses e de seus herdeiros marxistas e similares. O respeito à tradição (e a prudência ao lidar com ela) nasce da descrença na capacidade de qualquer homem ou grupo de homens de resolver os problemas do mundo. Nesse sentido, para Burke, a religião é um fator essencial do ordenamento da vida moral e política, na medida em que ela se constitui com uma típica sabedoria dos mortos.

O conceito burkeano de *little platoon* também foi marcante em minha formação, por definir como o homem se forma prioritariamente em sua família e em seus grupos de convívio imediato, e não nos coletivos abstratos das políticas públicas e utópicas.

ALEXIS DE TOCQUEVILLE: OS EFEITOS COLATERAIS DA DEMOCRACIA

Não há literatura mais definitiva sobre a política moderna do que o monumental *A democracia na América*, de Alexis de Tocqueville.[15] O conde francês foi, em 1831, para os Estados Unidos a fim de observar *in loco* o novo fenômeno da democracia norte-americana. O país era então um verdadeiro laboratório político e social.

Muitos mencionam a ideia de que a sociedade democrática pode se tornar uma tirania da maioria como a grande percepção tocquevilliana. É fato. Mas creio que o autor vai mais longe, ao tratar da questão da qualidade dessa maioria. É a mesma qualidade intuída por Nelson Rodrigues, outro conservador que me formou: a maioria é constituída de idiotas (sim, e alguns são mais idiotas do que outros). Segundo Nelson, a democracia deu ao idiota a consciência de sua superioridade numérica. Antes, ele vivia sua vida besta; agora, sabe que manda.

15 Tocqueville, Alexis de. *A democracia na América*. São Paulo: Martins Fontes, 2000.

O idiota de que fala Nelson é muito próximo do "novo bárbaro" descrito por Tocqueville e de sua inclinação para falar o que pensa, mesmo não sabendo de nada, já que a democracia é tagarela e, por considerar todos os homens iguais, os incentiva a dizer o que pensam. O homem da democracia lê pouco, é generalista, pergunta para a pessoa ao lado e adota como verdade o que a maioria diz, trocando o conhecimento pela opinião pública. Em Tocqueville, há claramente a suspeita de que essa maioria tende à estupidez justificada politicamente (a soberania é "popular").

Ligada a isso está também a importância do cristianismo na jovem América, competindo com a tendência ao cartesianismo selvagem do homem democrático (e sua tagarelice). A democracia estimula em todos a crença nas próprias opiniões (versão medíocre do "penso, logo existo", de Descartes), porque faz todo mundo se achar "igualmente" capaz de emitir opiniões sobre tudo. Mas sabemos que não "construímos" nossas opiniões a partir de nós mesmos, e sim de uma longa teia ancestral de ideias, práticas morais e afetos. Tocqueville temia que, se um dia o cristianismo perdesse força como base moral e cognitiva, o homem da democracia deslizaria para uma crença excessiva em si mesmo como "tribunal da razão", criando um vácuo de fundamento nos juízos dos cidadãos da jovem democracia norte-americana – porque o "si mesmo" não é fundamento de si mesmo, assim como ninguém escapa do abismo puxando a si mesmo pelos cabelos.

O descaso de Tocqueville pela economia é sempre apontado como seu limite teórico. Discordo: é um acerto. Ele assume o pano de fundo capitalista da democracia norte-americana como autoevidente. Até hoje não se conhece democracia que tenha funcionado razoavelmente sem esse "pano de fundo". Ela parece depender de algum modo "misterioso" da liberdade de mercado (democracia econômica), porque nesta os homens sentem que a vida está aberta a seus desejos e a sua ação – o que, para Tocqueville, era uma das chaves do provável sucesso futuro do modelo norte-americano.

Grande parte das mazelas que conhecemos hoje e que assolam a democracia foi identificada pelo conde francês. Uma delas é a tensão contínua entre liberdade e igualdade. Se acentuamos a liberdade, ampliamos a criatividade humana, mas também as diferenças entre as pessoas. Se acentuamos a igualdade, elevamos a taxa de mediocridade na sociedade – daí o amor da igualdade pela mediocridade.

A esquerda idealiza a democracia porque gosta da retórica do povo. A análise tocquevilliana das mazelas da democracia e de seus riscos revela que a identidade entre democracia e liberdade não é uma evidência. Por exemplo, a obsessão pela eficácia, e seu viés totalitário com relação aos hábitos, foi prevista por Tocqueville.

Sua intuição de que a democracia levaria à eliminação – ou ao desejo de eliminação – de hábitos inúteis e faria de todos nós alegres habitantes de um admirável mundo novo foi certeira. A obsessão pela eficácia e pela utilidade na democracia nos levou ao culto da saúde. Quem negaria isso?

Outro exemplo de percepção de riscos para a liberdade na democracia é a fé cega de que um "governo democrático" seja amigo da liberdade. Vejamos.

Não há necessariamente garantia de liberdade na democracia, a menos que tenhamos poderes e instituições que entrem em conflito uns com os outros (como aponta o sociólogo tocquevilliano Robert Nisbet no século XX). Mesmo um poder que se diga amigo do indivíduo (como o governo democrático), quando entregue a sua mecânica pura, esmaga os sujeitos. Daí a necessidade de mecanismos de pesos e contrapesos, assim como de pequenas e infinitas associações "locais" (os "little platoons" de Burke) que protejam o indivíduo da tendência avassaladora do poder para destruí-lo.

O que garante a liberdade não é um governo "absoluto" a favor dela, mas uma rede de poderes e associações que se entrechocam. A família, a religião, os sindicatos, os interesses múltiplos e contraditórios garantem muito mais a liberdade do que as boas intenções do governante ou de um "partido da liberdade". Como dirá Oakeshott, a pior coisa que existe é um governante com uma ideia de sociedade perfeita na cabeça. Quem governa deve suspeitar das próprias ideias sobre o mundo e ser um intermediário entre os fluxos de vida da sociedade, e não se tornar um formador moral desta. O governo nada tem a ver com a formação moral das pessoas, que deve ficar a cargo das infinitas associações feitas por elas ao longo dos séculos.

FIÓDOR DOSTOIÉVSKI: A TEORIA DO MEIO

Muito se pode dizer de Dostoiévski, mas farei referência a apenas um de seus inúmeros conceitos filosófico-literários: a teoria do meio, que aparece, explícita ou implicitamente, em várias de suas obras, como *Memórias do subsolo* e *Crime e castigo*.

A teoria do meio no mundo intelectual russo do século XIX é uma assimilação do utilitarismo inglês e sua afirmação de que o homem é fruto do contexto – opinião cara à esquerda, apesar de o utilitarismo não ser propriamente de esquerda, ainda que sejam ambos "moralistas". Tanto o homem do subsolo como o "último" Raskolnikov, herói de *Crime e castigo*, criticam a teoria do meio por retirar do homem a responsabilidade moral por seus atos, tornando-o inocente e inútil.

Uma das posições do pensamento conservador que mais me encantam é que, para ele, o problema do homem é sobretudo moral e só secundariamente político. A negação disso, porém, sempre serviu à esquerda e aos "sociólogos" para se liberarem da responsabilidade moral. Este é também um traço "mau-caráter" da esquerda. Na linguagem do homem do subsolo, responsabilizar o "fígado" por seus atos é a saída do pensamento da teoria do meio para fugir da idade adulta.

GERTRUDE HIMMELFARB: A SOCIOLOGIA DAS VIRTUDES

A historiadora norte-americana Gertrude Himmelfarb, em seu monumental *Os caminhos para a modernidade*,[16] define o Iluminismo britânico como uma sociologia das virtudes em oposição à ideologia da razão, traço do Iluminismo francês. Ela quer dizer que os britânicos dos séculos XVIII e XIX pensaram a filosofia moderna como uma investigação acerca das "condições de possibilidade da produção de virtudes morais", ou seja, sobre que hábitos e costumes geram as virtudes e os vícios, e quais são as ferramentas institucionais envolvidas nesse processo.

Não se trata de uma teoria do meio, e sim de uma "prima" dela, mais "sã" (porque não é determinista), já que a intenção dos britânicos não seria eliminar a responsabilidade moral do indivíduo, mas vê-la em seu enquadramento concreto, e não no abstrato, como faziam os franceses.

16 Himmelfarb, Gertrude. *Os caminhos para a modernidade*. São Paulo: É Realizações, 2011.

A sociologia das virtudes de Himmelfarb é filha direta do empirismo inglês e, portanto, atenta às teias de relações reais no mundo. Ao estudá-la, podemos, comparativamente, verificar a insuficiência do racionalismo francês para lidar com o ser humano concreto e sua história e nos certificarmos da importância do hábito para a constituição do homem.

Para Himmelfarb, Hume e Burke são partes dessa sociologia das virtudes. A afirmação burkeana de que Rousseau amava a humanidade, embora detestasse seu semelhante, pode ser vista como fruto do cuidado que um pensador deveria ter ao falar do ser humano, a fim de não querer eliminar a realidade a favor da idealização perversa desta. Amar seu semelhante é muito difícil; o mau-caráter acha uma saída a esse impasse amando a humanidade abstrata, fingindo-se de bom.

MICHAEL OAKESHOTT: A POLÍTICA DA FÉ *VERSUS* A POLÍTICA DO CETICISMO

Para encerrar esta pequena lista de alguns patriarcas formadores de minha opção pelo pensamento conservador em política, menciono Michael Oakeshott e sua intuição certeira acerca da neurose de perfeição que a sociedade egressa do racionalismo francês apresenta.

Contra ela, Oakeshott opta pela defesa do hábito do afeto e do comportamento como uma rede de atos e vivências que constroem as condições empíricas do comportamento humano, na linhagem da sociologia dos afetos e virtudes de que fala Himmelfarb. Além disso, cunha as expressões "política da fé *versus* política do ceticismo" para descrever a oposição do racionalismo (fé na razão) em política e a atitude conservadora, que coloca limites às crenças de redenção dos governantes. Claro que, como todo grande filósofo, Oakeshott reconhece a importância de o indivíduo buscar aperfeiçoamento individual em sua vida; ele discorda é de o governo se fazer agente dessa busca de perfeição.

CONCLUSÃO: "MINHA MENTE CONSERVADORA"

A expressão acima é uma citação do maior livro de história do pensamento conservador já escrito: *The Conservative Mind*, de Russel Kirk.[17] Faço uso dela aqui para indicar sinteticamente minha opção pelo pensamento conservador britânico (também marcado por Tocqueville, francês de têmpera britânica).

Termos como "mente", "espírito", "ideia", "sensibilidade" e "atitude" são comuns para definir o pensamento conservador. Eles respondem à dificuldade de resumir uma tradição

17 Kirk, Russel. *The Conservative Mind*. Washington: Regnery Publishing, 2001.

que nasce como reação à Revolução Francesa no século XVIII, recolhendo questões anteriores a ela, e que a partir daí se transformará numa verdadeira escola de trincheira.

Na abertura de seu livro, Kirk faz a melhor síntese do que seria uma mente ou um espírito conservador (pessoalmente prefiro a expressão de Oakeshott, "sensibilidade conservadora"):

› Desconfiar de grandes sistemas de pensamento e preferir formulações baseadas no que a empiria humana nos oferece ao longo da história.
› Problemas políticos são, em sua base, morais ou religiosos.
› Crer numa ordem transcendente ou pelo menos não plenamente racionalista que cause impacto na história e nas sociedades.
› Afeto pela variedade infinita da humanidade e por sua misteriosa manifestação nas pessoas e nas sociedades.
› Recusa do "logicalismo" (racionalismo) e da uniformidade como visão do ser humano.
› Opção por uma sociedade com hierarquias e classes que representam as diferenças comuns entre os seres humanos.
› A liberdade só se concretiza na existência da propriedade privada como modo de restrição ao poder do governo e da sociedade sobre os indivíduos.
› Recusa, como dizia Burke, dos "sofistas, calculadores e

economistas", que são representantes do racionalismo iluminista francês e de seus herdeiros da esquerda.

- As necessárias mudanças no mundo não podem ser fruto de uma teoria de gabinete nem ser pautadas por alguma ideia de inovação do mundo e do homem. Tampouco a revolução é melhor do que a reforma gradual e pontual, visando a problemas específicos e não advindos de alguma teoria *wholesale* (do tipo que descreve a vida no "atacado") sobre como o mundo deveria fazer para ser perfeito.
- Recusa do "melhorismo" ou da ideia de que o homem caminha progressivamente para a perfeição.
- Defesa do hábito contra a razão como critério puro da vida (o racionalismo, novamente).
- Recusa do chamado *levelling* político e econômico, ou seja, de uma igualdade abrangente das sociedades e dos indivíduos.

Enfim, hábito, afeto, empiria e não fé na capacidade de a razão moldar o mundo e os homens. Suspeita de que, ao final, uma filosofia política fala, acima de tudo, do caráter de quem a escolhe.

Afinal, por que me tornei um conservador? Antes de tudo, devo deixar claro que sou um conservador como Oakeshott: conservador em política e liberal no resto, porque a política moderna é, em muito, delírio da razão, mas as pessoas podem buscar seus diferentes modos de vida no cotidiano privado.

Tornei-me um conservador em política porque sou um empirista e um cético. Penso como um britânico. Sou, de certa maneira, um iluminista britânico. A esquerda é abstrata e mau-caráter porque nega a realidade histórica humana a fim de construir seu domínio sobre o mundo. Vende elogios ao homem para assim tê-lo como um retardado mental a seu serviço. A esquerda é puro marketing. No fundo, não passa de autoajuda.

Por exemplo, no caso brasileiro mais recente, muito é dito sobre a vitimização da esquerda durante a ditadura. Caso a guerrilha de esquerda tivesse vencido no país, ela poderia ter feito do Brasil uma grande Cuba (a ditadura, com toda a sua miséria, "nos salvou" do pior). Fora isso, após a ditadura, a esquerda tinha nas mãos as universidades, as escolas, as redações dos jornais, grande parte dos tribunais e os principais partidos políticos (PT e PSDB são filhotes da esquerda).

Mesmo que atenuações caibam no caso dos partidos, é evidente que, nos últimos anos, a esquerda venceu a batalha no Brasil (com exceção da economia, porque com dinheiro não se brinca). No que se refere à vida intelectual, ela persegue sistematicamente qualquer um que não reze por sua cartilha. Mas eu, como dizia o grande pensador Nelson Rodrigues, "sou um ex-covarde". Não tenho medo deles. Que venham.

A esquerda na contramão da história

Denis Rosenfield

Por que virei à direita? Porque virar à esquerda era pegar a contramão da história. Uma experiência pessoal é aqui bastante ilustrativa.

Por ocasião de uma de suas visitas a Porto Alegre, em 1989, o filósofo Cornelius Castoriadis foi convidado por Tarso Genro (PT), vice-prefeito durante a gestão Olívio Dutra, a acompanhar uma reunião do Orçamento Participativo. O convite, que também foi feito a mim, visava a apresentar-nos essa iniciativa, que então dava os primeiros passos, e propunha fazer com que os cidadãos atuassem na definição e no controle do orçamento municipal. Vislumbrava-se, naquela época, a possibilidade de uma participação democrática direta da população. Além disso, o projeto era uma tentativa de coibir malversações de recursos públicos, conforme a bandeira ainda não anunciada, porém já presente nos planos do Partido dos Trabalhadores, de defesa da ética na política.

Seguimos juntos, Castoriadis e eu, para a reunião, atravessando uma estrada de terra que havia se transformado num lodaçal por causa da chuva. Era uma noite de inverno, úmida e muito fria. A possibilidade de testemunhar essa nova experiência política, no entanto, aquecia nossas conversas e nosso espírito. Um clima de caloroso entusiasmo também predominava no galpão improvisado onde ocorria a reunião. Mas talvez "entusiasmo" seja um termo exagerado: o que reinava ali era uma grande expectativa.

Fiquei particularmente impressionado com uma senhora de cerca de cinquenta anos e origem social muito modesta que pediu a palavra para apresentar suas reivindicações. Ela falava com voz firme e, na verdade, não apenas reivindicava, como exigia que os problemas de seu bairro fossem resolvidos. Sua vila enfrentava sérios problemas de segurança e saneamento básico. Era um apelo espontâneo, forte e autêntico de uma pessoa que se sabia portadora de direitos que não estavam sendo atendidos pelo poder público. Em sua fala, não havia nenhum adestramento, nenhum controle partidário. Naqueles dias, o PT mais ouvia do que domesticava. A participação popular era genuína. Ficamos muito bem impressionados com aquele encontro. Parecia estar surgindo ali uma nova forma de atuação política.

Na época, uma repórter da *Folha de S.Paulo* perguntou a Castoriadis o que ele pensava do Orçamento Participativo. Sem hesitar, e exaltado, ele comparou a iniciativa à experiência dos Conselhos Húngaros de 1956, que depois, como se sabe, foram esmagados pelos tanques comunistas. Ressalte-se que o filósofo costumava caracterizar-se como "anarquista". Foi assim que se definiu para mim, em um jantar em seu apartamento em Paris. Ele reconhecia, entretanto, as limitações do anarquismo, que julgava ingênuo e incapaz de "fazer contas", o que ocorria, aliás, com toda a esquerda. Talvez por isso Castoriadis fosse partidário, na época, de Michel Rocard. Para ele, o primeiro-ministro do governo François Mitterrand representava a renovação social-democrata do socialismo francês. "Rocard sabe fazer contas", disse-me.

Os mitos da participação direta, da democracia e do Orçamento Participativo estavam então criados. Entrevia-se no horizonte algo para além da experiência formal da democracia burguesa. Nesse novo modelo político, que era uma expressão revigorada da proposta marxista, o povo e os trabalhadores seriam os agentes da própria história.

O tempo passou. O PT se instalou por longos dezesseis anos na administração de Porto Alegre e chegou a conquistar o governo do Rio Grande do Sul duas vezes (1998 e 2010). O projeto da democracia participativa parecia ter alcançado o poder e era irradiado pela mídia em todo o país. Enquanto isso, o partido começava a aparelhar cada vez mais o Estado, antecipando o que viria a acontecer com sua chegada ao poder federal, depois da vitória de Lula em 2003.

Pouco a pouco, a burocracia partidária, ciosa de suas novas prerrogativas, se apoderou também do Orçamento Participativo, desvirtuando paulatinamente a experiência.

De acordo com seus novos valores, seriam impensáveis as participações e organizações que escapassem ao controle do partido. O PT passou a aspirar ao monopólio burocrático de todos os trabalhadores. E o anarquismo, com suas formas autogestionárias, não tinha mais, evidentemente, nenhum lugar nesse projeto. O frio e a lama do passado foram substituídos por ambientes confortáveis, onde os profissionais do partido mandavam e desmandavam.

Quando eu via a propaganda petista difundir as virtudes do Orçamento Participativo, voltava-me sempre à memória aquela mulher de voz firme, esquecida no passado. A proclamada "democracia direta" promovida pelo PT ganhou a mídia mundial. Jornalistas estrangeiros desembarcavam em Porto Alegre, ansiosos para saber o que estava acontecendo por lá. A onda esquerdista na cidade, incentivada pela administração petista, culminou na criação do Fórum Social Mundial.

O fórum foi realizado em Porto Alegre enquanto o PT, que lhe fornecia generoso apoio financeiro, esteve no poder. Quando o partido foi derrotado nas eleições municipal e estadual, o evento perdeu seu vínculo ideológico – e também financeiro – com a capital e passou a ser realizado em outras cidades. Porto Alegre e o Rio Grande do Sul viraram à direita e disseram "não" a tudo o que o fórum representava.

Em uma das edições, membros das Farc (Forças Armadas Revolucionárias da Colômbia) chegaram a ser recebidos pelo então governador do Estado, Olívio Dutra, no Palácio

Piratini. Na época, num artigo para a imprensa, denominei-os de "narcoguerrilheiros". A definição foi considerada uma blasfêmia, algo intolerável do ponto de vista político e próprio da direita. Hoje, a expressão tornou-se lugar-comum, e os petistas fogem midiaticamente das Farc como o diabo foge da cruz.

Em um passado nem tão distante, porém, as coisas eram diferentes. E os namoros suspeitos do partido se prolongaram, quando ele assumiu o Executivo, numa política externa que habituou os altos dignitários do governo Lula a constantes genuflexões a Fidel Castro, outro mito que a esquerda não cessa de reverenciar.

Também na identificação que os petistas elaboraram entre a democracia e as eleições chavistas na Venezuela é possível notar o desprezo de certos setores da esquerda pelos próprios princípios democráticos e pelos direitos humanos. É curioso que a era Lula, embora marcada pelo pragmatismo econômico, tenha sido na política externa uma prolongação daquilo que a esquerda tem de mais retrógrado.

Outra mostra bastante eloquente das ideias dessa esquerda está na qualificação que fazem do "socialismo do século XXI" como "democrático". O jogo com as palavras não conhece aqui mais nenhum limite, pois tal "socialismo" não passa de uma repetição, em novos moldes, do comunismo do século XX. Só não vê quem não quer. O vínculo umbilical que essa esquerda ainda mantém com a ditadura comunista dos irmãos Castro, que reduziram aquela pobre ilha ao silêncio, à dominação despótica e à miséria, é uma comprovação disso.

O "socialismo do século XXI" contém apenas uma novidade histórica em relação ao comunismo. Este advogava de maneira clara, sem subterfúgios, a conquista violenta do poder, utilizando fraseologias e estratégias de cunho francamente militares. A violência era considerada um instrumento privilegiado, "revolucionário", o meio necessário para abater a dominação burguesa e a sociedade capitalista. O "socialismo do século XXI", ao contrário, é repleto de subterfúgios e malícias. Com a derrocada do comunismo, que sucumbiu às próprias contradições e violências, as novas esquerdas passam a falar em "socialismo" ou até em "sociedade solidária", mascarando seu verdadeiro projeto político: a luta contra o direito de propriedade, a liberdade de escolha, o Estado de Direito e a democracia representativa. Em poucas palavras: a destruição do capitalismo.

O motivo de tal fraseologia é conquistar a opinião pública, pois, em sociedades em que os cidadãos aderiram à democracia, o jogo com os significantes é parte essencial das disputas políticas. A defesa da violência como instrumento de conquista do poder é afastada, não por considerações de ordem moral, mas simplesmente porque ela já não mais captura a simpatia dos cidadãos. Ponderações morais na política, aliás, não fazem parte do raciocínio desse tipo de esquerda, que só conhece uma verdade, mais religiosa que moral: a de que a sociedade sem classes, socialista, é o bem em si mesmo. Do contrário, o que se tem é apenas a mentalidade burguesa, de direita. No Brasil, alguns chegam a dizer que é coisa de "udenista" achar que a política e o direito estão vinculados a pressupostos morais.

Pouco a pouco, nos termos da novilíngua socialista, vai se instalando a "subversão da democracia por meios democráticos". E as eleições são, justamente, o momento privilegiado dessa estratégia política. Para essa esquerda, a democracia se limita às eleições, manipuladas de todas as maneiras, inclusive com novos recortes eleitorais/distritais e interferências em administrações municipais e estaduais de oposição. Isso é particularmente claro na Venezuela. No entanto, aqueles que menosprezam a democracia por considerá-la burguesa, formal e representativa sempre poderão se autoqualificar como "democratas" por respeitarem os resultados eleitorais do momento.

"Democratização dos meios de comunicação" é outro eufemismo utilizado pela esquerda brasileira para disfarçar seus objetivos de controle da imprensa e sua aversão à liberdade de opinião. A tentativa de destruir a autonomia dos meios de comunicação é característica dos pregadores do "socialismo do século XXI" e ocorre em todas as malfadadas experiências socialistas na América Latina: na Venezuela, na Bolívia, no Equador e na Nicarágua, sem falar de Cuba, onde evidentemente não há liberdade de opinião nenhuma.

Passemos, entretanto, ao segundo ato do Orçamento Participativo. Durante um ano, visitei várias reuniões dessa forma de "democracia direta", em diferentes bairros de Porto Alegre, com alunos, alguns petistas ou simpatizantes. Tratava-se de um assunto público, muito debatido, que me interessava por eu dar um curso de filosofia política que abordava a questão da democracia.

Numa dessas reuniões na década de 1990, no bairro Belém Novo, compareceram o então prefeito Tarso Genro e Mário Soares, presidente de Portugal de 1986 a 1996. Foi um dia especial, pois até uma rede de TV britânica lá esteve para uma reportagem. A esquerda petista – e a gaúcha em particular – ganhava o mundo, dizia-se. Participavam da reunião cerca de seiscentas pessoas, ali investidas do papel de representantes de cerca de 200 mil cidadãos, que era o número de habitantes da região sul da cidade. No sentido estrito, porém, elas não eram representativas, pois não haviam sido eleitas por ninguém para estarem ali, e apenas faziam parte da manipulação burocrática utilizada pela administração municipal e por seu partido.

Um aluno meu, hoje professor universitário, pessoa extremamente capaz e militante petista na época, levantou-se e começou a cumprimentar várias pessoas. Não parava de cumprimentar! Fiquei espantado com aquilo. Ele, então, me confidenciou que eram seus companheiros de partido. Fiz uma rápida conta: das seiscentas pessoas "representativas" presentes, entre cem e cento e cinquenta eram membros do PT e da administração municipal.

A presença do socialista Mário Soares deu legitimidade política ao evento. Na versão transmitida pelas TVs internacionais, Porto Alegre estava vivenciando uma experiência inédita de democracia participativa e direta. Naquele bairro distante, à beira do Guaíba, a política estaria sendo reinventada! Diante das câmeras, Soares deu seu testemunho sobre a nova forma de democracia, cujo número de adeptos só crescia. A competência do PT no processo de formação da opinião pública ajuda a explicar o lento, porém seguro, caminho de conquista do poder pelo partido. Mas ai de quem se apegar à verdade e for contra a versão que os petistas formulam dos fatos: será crucificado como direitista.

Em outra ocasião, recebi para um almoço em minha casa altos dirigentes do Partido Socialista francês. Um dos motivos da visita, à parte sermos amigos, foi o fato de eles estarem curiosos a respeito do que ocorria em Porto Alegre, que, graças ao Fórum Social Mundial, tinha se tornado uma referência do "novo socialismo" na França e em outras partes do mundo. Expus aos franceses minhas reflexões sobre o que estava acontecendo. Ouviram com atenção e chegaram a fazer uma analogia com uma experiência socialista, em desenvolvimento na época, em Grenoble. Estavam cientes da limitação desse tipo de projeto, que parecia fadado a funcionar apenas no âmbito municipal, sobretudo em pequenas localidades.

Ora, saindo do almoço, foram todos eles para uma reunião pública com os dirigentes petistas do Estado e de Porto Alegre. Lá, seguindo as conveniências da política francesa, ouviram seus novos "companheiros". Sobraram manifestações de apoio. Tratou-se de mais um momento de legitimação internacional da "democracia participativa". Foi a partir daí, aliás, que se estreitaram as relações do Partido dos Trabalhadores brasileiro com o Partido Socialista francês.

Situação parecida ocorreu numa plenária com a temática Organização da Cidade, Desenvolvimento Urbano Ambiental, realizada na Câmara Municipal. Já não se sentiam os rigores do inverno, pois o recinto era climatizado, os dirigentes municipais pareciam sem apreensões, espalhavam sorrisos e não temiam nenhum tipo de protesto, digamos, cidadão no meio dos debates. A burocracia partidária agora detinha o pleno controle da situação. Não haveria mais a surpresa de uma sofrida mulher anônima tomar de repente a palavra, a fim de reivindicar seus direitos.

O Orçamento Participativo foi completamente remodelado e algumas das reuniões passaram a ter lugar na Câmara Municipal, instalada num belo prédio do centro de Porto Alegre. O galpão improvisado foi deixado para trás, junto com o projeto da autonomia cidadã. Entre os atores, alguns mudaram, outros são os mesmos. O prédio da Câmara significa um novo marco no desenrolar da história petista na cidade.

Em tudo, porém, resta uma sensação *déjà vu*, remetendo a momentos não do passado brasileiro, e sim da história húngara (como um dia comparou Castoriadis), mas no que ela teve de pior depois do nazismo: a presença onipresente do Partido Comunista. O plenário da Câmara, que, durante a manhã e a tarde, serve para a prática da democracia representativa, à noite, quando ocorrem as discussões do Orçamento Participativo, parece contradizer sua função. O lugar de reunião e de deliberação dos vereadores transformou-se num espaço domesticado, onde todos buscam a harmonia entre os interesses do governo, do PT e dos líderes comunitários. No lugar das reivindicações de antigamente, algo inédito se encena.

A Câmara Municipal representa – por um processo eleitoral instituído segundo regras republicanas – 1,5 milhão de habitantes. Na reunião do Orçamento Participativo, 316 pessoas, segundo o cálculo oficial, reúnem-se, partidariamente organizadas, para deliberar em nome de toda uma cidade. Desconte-se, dessa cifra, o número expressivo de militantes e de dirigentes partidários presentes, para que se tenha uma ideia do que está acontecendo. O governo comparece como partido, e o partido, como governo. Os refrãos que pululam na propaganda partidária e nos jornais retornam insistentemente: "sociedade civil organizada", "participação popular", "luta contra o sistema neoliberal".

As demandas de segurança, de parques e praças, de pistas de skate, de limpeza de dejetos lançados no rio Guaíba poderiam ser atendidas sem muita ideologização. Em vez disso, para o coordenador da mesa, membro do partido--governo, elas indicam uma "radicalização da democracia". Em pé, na entrada do plenário, os membros do partido e do secretariado municipal falam entre si, certos de que a mensagem está sendo transmitida. A domesticação burocrática dos cidadãos tornou-se a regra. Virar à direita significa desmitificar o mito, defender a democracia contra os que pretendem usurpá-la.

Numa visita à França, nos anos 1990, fui convidado por meu orientador de tese, o filósofo Jean-Toussaint Desanti, para um almoço num pequeno restaurante chinês, numa travessa da praça da Sorbonne. Na época, estava no auge a publicação de livros e documentos sobre a relação de Martin Heidegger com o nazismo. A discussão era intensa, e as revelações me deixaram indignado com o filósofo, apesar de eu admirar sua obra. Cheguei ao encontro ansiando por colocar esse assunto na mesa. Desanti ouviu-me calmamente e, com sua costumeira voz pausada, disse-me: "Denis, vou te contar uma história".

Antes, porém, de repetir sua história, conviria caracterizar um pouco o personagem. Desanti nasceu na Córsega, terra de Napoleão, em 1914 e guardou de suas origens naquela terra inóspita uma espécie de dureza. Era um homem de vasta cultura filosófica, não afeito às lutas universitárias pelo poder, das quais, aliás, mantinha distância. Era como se tudo aquilo, na perspectiva do que tinha vivido, fosse pequeno demais e não lhe dissesse respeito. Desanti atravessou boa parte do século XX como comunista. Chegou a assinar um manifesto que declarava ser Stálin o maior matemático de seu tempo. O próprio Desanti, sendo matemático, sabia que tudo aquilo era um embuste. Instado a dar satisfações sobre o manifesto, declarou simplesmente que era o "costume" da época. Outros, é óbvio, não tinham seguido o mesmo "costume". Com o passar dos anos, parecia mais e mais desiludido e cético.

Voltemos à história contada por Desanti, que faleceu em 2002. Durante a Guerra Civil espanhola, dois militantes comunistas franceses foram encarregados de contrabandear armas dos soviéticos aos comunistas espanhóis. Conheciam-se apenas por causa do trabalho partidário e, disciplinados, cumpriam ciosamente sua missão. Seguiram essa rotina de 1936 a 1939, movidos pela convicção na causa e pela obediência ao partido. Terminada a guerra, distanciaram-se um do outro, indo cumprir diferentes tarefas.

Logo depois começou a Segunda Guerra. Um dos militantes recebeu do Partido Comunista francês a missão de matar o chefe da Gestapo da cidade de Bordeaux. Preparou-se minuciosamente e armou a tocaia. Ao mirar o nazista, qual não foi sua surpresa quando reconheceu nele seu antigo camarada da Guerra Civil espanhola.

O que fazer? Deveria matá-lo ou preservá-lo? O que ocorrera? Teria o ex-comunista se convertido ao nazismo?

Ou permanecia um comunista e havia se infiltrado na Gestapo, a fim de prestar serviços à Resistência? Como saber, se ele não tinha tempo para dúvidas? Não hesitou, portanto, e matou seu ex-camarada.

Como ter certeza de algo, ainda mais em "tempos sombrios", para usar a expressão de Hannah Arendt? Como distinguir o certo do errado quando o próprio trabalho de reconhecimento se confronta com zonas de sombra e incerteza?

É muito fácil escrever um livro sobre Heidegger e o nazismo décadas depois do fim da Segunda Guerra, confortavelmente instalado em uma universidade com calefação. O juízo moral se torna muito mais nítido, pois o momento da ação, da discriminação real foi deixado para trás. O conforto do ambiente universitário produz uma certeza afastada do mundo dos que agem. É fácil, assim, julgar. Parafraseando Aristóteles, como julgar caso a caso, em cada particularidade, no instante em que os critérios morais devem discriminar algo na temporalidade do momento e em circunstâncias pouco claras, pouco discrimináveis?

Desanti, com sabedoria, recomendava-me cautela, cuidado e reflexão sobre as condições concretas do juízo moral. A mensagem era a de um ex-comunista que tinha se tornado um cético, um descrente de posições peremptórias, tão em voga entre seus contemporâneos franceses. Eu estava sendo ensinado por um ex-comunista a julgar com prudência os vínculos de Heidegger com o nazismo. Virar à direita significa aqui adotar um suave ceticismo, incomum em um ambiente de esquerda. Seria possível conciliar esse ceticismo, a prudência do juízo, com a crença na realização de uma sociedade sem classes? A fé no comunismo, no socialismo seria compatível com o exercício sóbrio da razão?

A atração dos intelectuais franceses pela violência é um caso patológico. Em minha época de estudos em Paris, entre 1976 e 1982, a revolução era a grande palavra de ordem, com os filósofos e intelectuais engajando-se nas mais diferentes causas pelo mundo.

Observe-se que intelectuais franceses (ou afrancesados) são craques em pregar a violência a outros povos, nas variadas manifestações públicas que fazem em seu país, mas não arriscam a própria pele nem mesmo no trânsito. Os outros que morram por suas ideias – eles apenas as defendem, no conforto dos cafés, entre um cálice e outro de vinho. Exceção à regra foi Régis Debray, que, coerente com seus ideais, arriscou a própria vida nas selvas da Bolívia, lutando com Guevara, embora este não tivesse nenhum apreço por ele, por não considerá-lo um "verdadeiro" revolucionário.

Sartre talvez seja aquele que prestou um dos maiores desserviços à democracia e à liberdade, embora esta seja, por assim dizer, o cerne proclamado de sua filosofia. Durante um longo período, ele exerceu na França e no mundo uma liderança incontrastável, sempre com a certeza de estar defendendo boas causas, apesar de serem quase todas elas politicamente liberticidas (algumas provocaram milhões de assassinatos na China e na Albânia).

Enquanto Sartre distribuía pelas ruas de Paris o jornal maoísta *La Cause du Peuple*, pessoas eram torturadas e assassinadas nos cárceres chineses e albaneses. Enquanto ele capturava a simpatia dos jovens, outros moços eram enviados aos campos de trabalho forçado ou condenados à morte. Para os que seguiam Sartre cegamente, criticar o filósofo e denunciar os horrores da violência revolucionária eram – e ainda são – atitudes de "liberais", de pessoas que desconheciam o "sentido da história". A liberdade dos liberais era coisa da direita, e a liberdade do existencialismo, que pregava a violência revolucionária e se alinhava ao comunismo, uma bandeira da esquerda!

Mesmo os processos de Moscou (1936-1938), quando Stálin massacrou seus inimigos, apesar da farsa e do crime, eram vistos à época de Sartre como uma forma de violência necessária à consecução dos objetivos do socialismo. Para os comunistas, as liberdades e os direitos individuais perderiam o sentido diante desse primado do coletivo. Coniventes com a tortura, com os campos de trabalho forçado, com os assassinatos em massa e com outras atrocidades cometidas em nome da ditadura do proletariado, os intelectuais de esquerda chegavam ao auge de sua cegueira ideológica.

Divorciados da realidade, vivendo em um mundo próprio, financiado pelos contribuintes, muitos com confortáveis aposentadorias, intelectuais continuam a vociferar contra o lucro, o capitalismo e o mercado. De dentro da fantasia dos muros universitários, são eles que ajudarão a criar e a defender o "outro mundo possível" e mais alguns mitos esquerdistas.

Nesse sentido, o que estamos observando atualmente na América Latina, incluindo o Brasil, sobretudo em relação à figura de Che Guevara, merece atenção. Indivíduo sem nenhum escrúpulo moral na execução de seus inimigos e até de companheiros, pelos quais nutria desconfiança, Guevara agora se torna um exemplo político e chega a ser considerado um personagem romântico da história, que se aventurava de motocicleta pela América Latina. Como deveria ser qualificado um indivíduo que matava friamente, movido por convicções pessoais? "Assassino", seria a resposta sensata. Mas, para os insensatos, ele tem outro nome: "revolucionário". As palavras passam a ter diferente significação tão logo ganha a cena outra concepção de mundo, ancorada nas ideias de "finalidade da história" e de "ditadura do proletariado".

Mesmo quando a luz da revolução começava a escurecer, quando o charme dos "camaradas" deixava de exercer atração, um novo evento veio fortalecer os ânimos dos desgastados "revolucionários". Um novo sopro de violência veio do Irã, com a tomada do poder pelo grupo do aiatolá Khomeini.

Foi impressionante o coro da esquerda contra o xá e todos aqueles que tentaram uma transição democrática no país, inclusive de cunho social-democrata. A esquerda ficou novamente maravilhada, e o maestro da orquestra, dessa feita, foi o filósofo Michel Foucault, que saudou na imprensa a retomada da violência revolucionária, como se assistisse a uma reprise da Revolução Russa em terras iranianas.

Acontece que a "violência revolucionária" do Irã veio a fundar um novo tipo de totalitarismo, o islâmico, coisa que pouco alarmou os intelectuais de esquerda, movidos mais pela fé do que pela razão e já bastante acostumados com desfechos políticos desse tipo. Diga-se, de passagem, que o grupo de extrema esquerda que tomou militarmente o poder foi, mais tarde, eliminado fisicamente pelo regime dos aiatolás. Os sobreviventes se refugiaram no Iraque e chegaram a lutar contra o regime dos aiatolás na guerra com o Irã. A revolução e o totalitarismo não poupam seus filhos. A diplomacia lulopetista de apoio ao regime dos aiatolás, defendendo o projeto nuclear do Irã, de cunho nitidamente militar, se inscreve nessa tradição de esquerda, cujos artífices – muitos deles – têm formação "francesa".

A questão dos valores é outra razão da virada à direita. Na tradição marxista, ela é equacionada segundo uma finalidade imanente à história, que levaria a uma sociedade sem classes, também dita "sociedade comunista", precedida por um período de transição, chamado "socialista", em que se deveria implantar a ditadura do proletariado. Colocados dessa maneira, a história e o comunismo seriam uma espécie de desfecho do modo mais elevado de moralidade. Em termos religiosos, é como se uma sociedade perfeita, que compartilhasse atributos divinos, pudesse existir na Terra. Nessa perspectiva, todos os demais bens, julgados relativos, deveriam se subordinar ao Bem maior, tido por absoluto e hierarquicamente superior. Assim, se o Bem maior é a realização do comunismo, todos os meios se tornam válidos para atingi-lo, até o uso da violência ou da mentira, mediante a falsificação de dados históricos.

Exemplo disso é o uso da mentira como estratégia de governo, como ocorreu nos processos de Moscou ou eventos equivalentes nos países do socialismo real, instrumentalizados pela União Soviética e por seus títeres locais. Eles produziram um dos maiores escândalos de utilização política de uma suposta moralidade. Pessoas torturadas e ameaçadas de diferentes formas, muitas delas depois assassinadas, faziam "confissões" que eram aceitas por importantes setores da intelectualidade ocidental simpática ao comunismo. Seus cadáveres expressavam a concretização do Bem maior.

Não esqueçamos tampouco questões aparentemente menores, porém de grande significação, como o apagamento, imposto por Stálin, da imagem de Trótski na foto da parada militar da Praça Vermelha, depois do triunfo dos bolcheviques. No instante do apagamento, Trótski teria já deixado de existir do ponto de vista político, ainda que sua morte física só acontecesse mais tarde, no México, ao ser assassinado por um agente de Stálin com uma machadada na cabeça. Esse agente, aliás, terminou seus dias nas aprazíveis praias cubanas, comemorando com rum o bem por ele realizado.

A violência junto com a mentira torna-se, então, o próprio modo de fazer política. O que é considerado moralmente superior ultrapassa – e destrói – as noções individuais do bem, tornando-se um valor "coletivo". Ou seja, a partir de uma instância de mediação denominada "partido", o coletivo termina prevalecendo sobre o individual, e a imposição estatal, sobre a liberdade de escolha. E, justamente por ser a principal e única encarnação da moralidade, essa instância de mediação é também o único partido, tornando impossível a convivência de diferentes forças num mesmo espaço político – como, aliás, ocorre em Cuba e como pretende fazer o protoditador Hugo Chávez na Venezuela, com sua ambição de construir no país um partido único, que representaria a noção mais elevada de bem.

As ideias marxistas e seu avatar comunista no século XX, com prolongamentos no XXI, procuraram arrogar para si a posse do bem coletivo, impondo-a sobre o bem individual. Essa atitude gerou (e gera) regimes ditatoriais com uma característica específica: sua violência totalitária se disfarça com uma vestimenta moral, uma vez que são tomados como representantes do Bem maior.

Note-se como isso está arraigado em nosso país. No imaginário coletivo brasileiro há uma firme recusa ao fascismo e ao nazismo, mas perduram a complacência e a leniência de certos intelectuais e formadores de opinião a respeito do comunismo. A ideia de esquerda continua sendo portadora de uma superioridade moral, apesar do totalitarismo construído em seu nome. Luís Carlos Prestes, por exemplo, permanece rodeado de elogios, com comemorações em seu nome, quando hoje está fartamente documentado que trabalhava para a ex-União Soviética, compartilhando todos os "valores" do totalitarismo comunista. No entanto, por aqui, ele ainda encarna uma aura de "moralidade política".

As afinidades estruturais entre o totalitarismo comunista e o nazista foram apontadas por Hannah Arendt, cuja leitura foi decisiva para mim. Essa talvez seja uma das maiores contribuições da filósofa alemã para o pensamento político, sobretudo porque Arendt não recuou de suas afinidades com a tradição de esquerda. O conceito de totalitarismo permite, precisamente, englobar esses dois regimes, comunismo e nazismo, expondo-lhes a espinha dorsal ideológica, que é de tipo liberticida. Foi essa pensadora de esquerda que procurou restituir, na tormenta da Segunda Guerra e nas crises que vieram depois dela, o valor da liberdade individual, da privacidade e do respeito ao outro como condição para a existência de uma sociedade democrática.

Origens do totalitarismo, de Hannah Arendt, e *O caminho da servidão*, de Friedrich Hayek, foram escritos quase na mesma época, em língua inglesa. O primeiro livro é de 1951, o segundo, de 1944, e os dois chegaram a um conceito parecido de totalitarismo. Curiosamente, salvo engano meu, tais pensadores nunca citaram um ao outro em suas obras, tendo ambos se tornado referência da filosofia política. Tenderia a dizer que esse diálogo virtual é uma expressão de quanto ainda estão enraizadas as classificações antiquadas de "esquerda" e de "direita", de "socialismo" e de "liberalismo".

Nós nos habituamos ao conceito do Estado-Leviatã de Hobbes, mas não há nada nesse pensador britânico que indique uma noção de Estado que seja oposta às liberdades individuais. Ao contrário, sua noção de moral pressupõe que não exista uma ideia absoluta de bem, e sim um conjunto de bens individuais. O bem é aquilo que, para cada indivíduo, aparece como tal. A ênfase é aqui posta no "aparecer" individual e relativo do bem, que não pode ser, por princípio, transferido incondicionalmente a outra pessoa. Esta pode ter outra noção do bem, diferente da minha, dependendo de seu arbítrio.

Para uma pessoa, a noção de bem é beber um bom vinho, enquanto, para outra, consiste em poder amar, não havendo nenhuma instância superior capaz de dizer qual das duas é melhor para todos. O Estado, para Hobbes, tem como função principal assegurar a vida de seus membros e a validade dos contratos entre eles; não é de sua competência ditar os comportamentos individuais, nem dizer o que cada um deve moralmente fazer. As noções de bem são estritamente individuais, e o Estado não é uma instância moral.

Foi a teleologia da esquerda que construiu a ideia de que o Estado é uma encarnação moral, tendo, em sua elaboração primeira, a tarefa de realizar o Bem maior na história, o que implica impor o primado do coletivo sobre o individual. Segundo essa concepção, cabe ao Estado determinar aquilo que é o bem de cada um, como se os indivíduos fossem incapazes de, racionalmente, escolher o que é melhor para si.

Com a derrocada do comunismo na União Soviética e nos países do Leste Europeu, pode-se dizer que essa função moral do Estado veio abaixo. A história, em vez de levar à construção do socialismo, promoveu a revitalização do capitalismo. Hoje, salvo para os nostálgicos da esquerda, o comunismo não passa de um tópico de museus, por vezes de um museu de horrores, como contam algumas biografias recentes de Stálin e Mao Tsé-tung. O capitalismo, por sua vez, viveu forte revitalização depois da queda do Muro de Berlim e não sucumbiu até hoje a nenhuma das crises que o atingiram. Apesar das proclamações dos apocalípticos e dos ingênuos, as crises esporádicas, ao contrário, servem como verdadeiros estímulos a seu fortalecimento.

Condição para a liberdade dos indivíduos é também a democracia, que permite a coexistência da pluralidade de opiniões, assegurada constitucionalmente. Nesse regime político, regras são estabelecidas com o intuito de que a liberdade encontre sua mais ampla expressão. Assim, num regime democrático, qualquer tentativa de coibir a liberdade de imprensa é rechaçada como autoritária, por banir a pluralidade, que é a condição mesma de existência de um Estado livre. Se é verdade que o jovem Marx defendia a liberdade de imprensa e de opinião, o mesmo não se pode dizer de seus herdeiros, que a baniram em todos os países em que o socialismo foi implantado.

No Brasil, a ideia esquerdista de que o Estado encarna um valor moral superior aparece particularmente nas imposições estatais que procuram pautar e controlar os comportamentos das pessoas, usurpando-as da liberdade de escolha e da responsabilidade individual. Manifesta-se também na série de iniciativas autoritárias dos novos herdeiros da velha esquerda de cercear as liberdades de imprensa e de opinião.

O que esses grupos políticos pretendem, sob a bandeira da proclamada "democratização dos meios de comunicação", é pôr em prática um projeto de subversão da democracia por meios democráticos. Não convém cair no canto da sereia de uma suposta esquerda renovada, brandindo uma bandeira aparentemente inédita, mas, na realidade, carcomida pela história.

Se o Brasil tem crescido e se destacado mundialmente nos últimos anos, isso se deve ao fato de o país dispor de uma imprensa livre, capaz de denunciar todos os desmandos e descalabros no tratamento da coisa pública. A sociedade civil, fora das amarras governamentais, tem se fortalecido. Em 2011, o governo Dilma mudou a cúpula de alguns ministérios, incentivado pela opinião pública, que erigiu a moralidade na política em princípio da vida republicana.

Cabe ressaltar, aliás, que o atual Executivo está se distanciando do próprio Partido dos Trabalhadores. Este, na "Resolução" de seu congresso de agosto de 2011, procura fazer girar para trás a roda da história da esquerda, enquanto o novo governo se coloca em sintonia com as demandas da sociedade e com os princípios da liberdade de opinião. A velha e a nova políticas ainda coexistem no país. No que diz respeito à legislação brasileira do setor de comunicações, por exemplo, tudo indica que o atual governo está trilhando um novo caminho e distinguindo a modernização das leis, que se faz necessária em razão das mudanças tecnológicas das últimas décadas, de iniciativas que visam sobretudo ao controle do conteúdo das mídias.

É um pressuposto da sociedade democrática que cada cidadão possa escolher livremente o que considera melhor para si, sem que o Estado lhe imponha um padrão de comportamento e cerceie sua opinião. A pluralidade de bens se situa na perspectiva da escolha individual e não em um hipotético bem que seria imposto pelo Estado. É condição da cidadania que o indivíduo não seja servo, mesmo que a servidão possa ter uma aparência voluntária.

A contraposição que se estabelece aqui é entre o exercício da pluralidade de bens pelos cidadãos que escolhem livremente e uma forma de poder estatal que procura impor a cada um aquilo que considera ser o bem coletivo. Nesse caso, o suposto bem coletivo termina usurpando o bem individual, enquanto o Estado se torna uma espécie de *Ersatz* – substituto – da história, como encarnação de um bem superior que ditaria o que devem ser os valores individuais.

O terreno é muitas vezes pantanoso, e as fronteiras são de difícil delimitação, pois, dependendo do que esteja em questão, há ou não a aquiescência dos indivíduos a um bem imposto pelo Estado. Por exemplo, quando o governo estabelece regras que ditam como deve ser o comportamento individual em relação à saúde, talvez as pessoas aceitem de bom grado essa diretriz, não se dando conta de que ela invade o que deveria ser uma prerrogativa estritamente individual.

Ocorre aqui um processo semelhante ao da liberdade de imprensa e dos meios de comunicação. Ao realizar audiências públicas ou mesmo conferências sobre a regulamentação da mídia, uma aparência democrática é dada a projetos que, de fato, visam a coibir a liberdade de escolha, que é o pilar de uma sociedade democrática.

Tal disfarce ganha comumente o nome de "democracia participativa", o que significa que um pequeno número de pessoas, muito organizadas, toma o lugar da maioria e diz representá-las. Alguns caem na armadilha, porque simpatizam com certas propostas. A iniciativa estatal pode ser, então, percebida como se coincidisse com a escolha individual. Aqui reside o perigo: a imposição surge disfarçada de moralidade. Seu valor moral é seu disfarce. O controle aparece, assim, justificado. No entanto, essa coincidência é ilusória, pois o "bem" compartilhado tem um fundamento distinto: ele provém da esfera estatal, não da liberdade de escolha individual.

Dito de outra maneira, uma sucessão de imposições governamentais, cada uma delas em conformidade com certas ideias de comportamentos individuais, pode terminar inviabilizando a pluralidade das noções de bem. O pressuposto de ambas é muito distinto, mesmo que isso apareça sob a forma aparentemente democrática e legal da audiência pública. A pluralidade dos valores individuais começa a ser relegada em função do que alguns acabam impondo como um bem superior, que aparece como coletivo.

A opinião pública é mais naturalmente propensa a se insurgir contra restrições às liberdades de imprensa e de expressão do que contra restrições governamentais que impõem condutas a respeito do que cada um considera ser seu bem. O problema, entretanto, é da mesma natureza.

No primeiro caso, o caráter liberticida é mais evidente; no segundo, menos perceptível e mais sinuoso, pois faz jogar a seu favor a ideia de um valor moralmente superior, do qual o Estado seria a encarnação. O risco consiste em começar a apagar as fronteiras entre a democracia e a moralidade, com o Estado se elevando à posição daquele que sabe o que é melhor para o cidadão e destituindo-o de sua capacidade de discriminar racionalmente aquilo que é melhor para si.

Virar à esquerda pode ser aqui tentador, mas o perigo não cessa de ser maior. Cuidado com a sedução.

Sobre os autores

João Pereira Coutinho (Porto, 1976) é jornalista e cientista político. É formado em história pela Universidade do Porto e doutor em ciência política pela Universidade Católica Portuguesa (Lisboa), da qual é professor convidado. É autor de *Jaime e outros bichos* (1997), *Vida independente:* 1998-2003 (2004) e *Avenida Paulista* (2007).

Luiz Felipe Pondé (Recife, 1959) é filósofo, professor da Pontifícia Universidade Católica (PUC-SP) e da Fundação Armando Álvares Penteado (FAAP). É mestre em filosofia pela Universidade Paris VIII, mestre e doutor em filosofia pela Universidade de São Paulo (USP) e pós-doutor pela Universidade de Tel Aviv. É autor de, entre outros, *Crítica e profecia: filosofia da religião em Dostoiévski* (2003) e *O catolicismo hoje* (2011).

Denis Rosenfield (Porto Alegre, 1950) é analista político e professor titular de filosofia da Universidade Federal do Rio Grande do Sul (UFRGS). Doutor em filosofia pela Universidade Paris I e pós-doutor pela École Normale Supérieure de Fontenay-Saint-Cloud (França), é autor de, entre outros, *Retratos do mal* (2003), *A democracia ameaçada* (2006) e *Reflexões sobre o direito à propriedade* (2007). É editor da revista *Filosofia Política*.

Este livro foi composto na fonte Albertina
e impresso em abril de 2012 pela Corprint,
sobre papel pólen bold 90 g/m².